작은경전⑤

유마경

KB212216

유 마 경
(維摩經)

침묵의 가르침 ● 박용길 옮김

민족사

일러두기

1. 본 민족사판 《유마경》은 티베트역 델루게
   판의 일역(日譯)본을 저본으로 삼았으며,
   그 외에 구마라집이 번역한 한역본을 참
   고하였다.
2. 비록 중역이지만 티베트역을 택한 것은
   전통적인 한역보다는 티베트역이 좀더 자
   세하고 이해하기 쉽기 때문이다.
3. 번역은 가능한 쉬운 말을 택하여 독자들
   이 이해하는 데 불편함이 없도록 하고자
   노력했다.
4. 번역문 사이의 제목과 역주, 해설은 역자
   가 붙인 것이다.

차 례

7

과거 현재 미래의
여러 불보살님과 성문 독각의 성현들께
경배 올리나이다.[1]

제1장 청정한 불국토
(佛國品)

이와 같이 나는 들었다. 어느 때 세존[2]께서 바이샬리의 암라팔리 숲터[3]에서 8천 명의 비구[4]들과 함께 계실 때의 일이었다.

그 자리에 모인 비구들은 모두 아라한[5]으로서, 티끌을 여의고 번뇌를 떠났으며, 자재로운 능력과 함께 마음이 온통 자유로웠으며 앎에도 걸림이 없는 이들이었다. 훌륭한 집안 출신으로 마치 듬직한 코끼리와 같았으며, 해야 할 바를 실천하고 주어진 의무와 책임을 완수하였으며, 맡겨진 짐을 모두 부리고 자신의 목표에 도달하였으며, 삶에 대한 얽매임을 끊었으며, 바른 앎이 있어 진실로 마음이 자유로웠으며, 일체의 뛰어난 능력을 완성한 이들이었다.

그 자리에는 3만 2천 명의 보살들도 함께 있었는데 그들은 모두 뛰어난 지혜의 소유자로서 세상이 다 아는 보살대사(菩薩大士)였다.

신통력을 크게 닦아 헛된 세상을 벗어났으며, 부처님의 가피를 입은 이들로서 법(法)이라 불리는 성(城)의 수호자가 되어 그것을 잘 지켰으며, 대사자후(大獅子吼)의 주인공으로서 그 소리는 사방을 두

드렸다. 청하지 않는데도 모든 사람들에게 기꺼이 좋은 벗이 되어 주었으며, 삼보[6]의 맥을 그르치지 않는 이들로서 악마와 적군들을 엄단하고 반론으로 덤벼드는 자들을 정복하였다.

사념(思念)과 이지(理知)와 이해와 삼매와 다라니와 변재(弁才)[7]를 완성하고 모든 장애와 그 근원을 훌쩍 뛰어넘어 해탈 가운데 평안히 머물면서 능숙한 말솜씨로 설법을 멈추지 않았다.

나아가 이 보살들은 보시를 행하고 계를 지키며 인내력을 지녔으며, 정진 노력하고 선정[8]을 닦았으며, 최고의 지혜를 성취하고 방편에 능했으며, 서원이 굳고 선을 능히 실천했으며, 또한 열 가지 바라밀다[9]를 닦아 신통자재한 앎을 완성하였으며, 참된 존재는 지각을 초월하며 더

욱이 본래부터 나지도 않는다는 사실을
확신하였다.

그들은 또 불퇴전(不退轉)이라는 법륜(法
輪)을 굴리고,[10] 무상(無相)의 인(印)으로
인(印)을 삼았으며, 모든 중생(衆生)의 근기
를 속속들이 꿰고 있었으니 어떠한 집회에
서도 대중의 힘에 위축되지 않고 늘 당당
했다. 깨달음의 발판이 되는 덕과 지혜(智
慧)를 크게 길렀으며, 전신에 걸쳐 뛰어난
상호(相好)[11]를 지녔으며 그 완벽한 아름다
움은 굳이 세간의 장신구를 두를 필요가
없었다.

수미산 높이만큼 명성 또한 높았고, 고
귀한 원력은 금강석처럼 견고하여 불법승
삼보에 대해 흔들림 없는 믿음을 가졌으
며, 법보(法寶)의 빛을 밝히고 감로의 비
를 내렸으며, 모든 사람들의 언어와 말투

14

에 능통하여 온갖 종류의 소리와 아름다운 음성을 지녔다.

그들은 심오한 연기법(緣起法)[12]을 잘 이해했으며, 유한하다거나 무한하다는 따위의 판에 박은 듯한 생각을 모두 끊었으며, 두려움 없는 법을 설할 적에 사자후 같았고 위대한 법을 펼칠 적에 우레와도 같았으며, 비교될 만한 것과 비교조차 할 수 없는 것 모두를 초월하였으며, 법의 보물인 지혜와 덕을 쌓아 모든 상인들의 뛰어난 우두머리였다.

미묘함과 부드러움을 함께 지닌 채 정적에 싸여 있는 보기도 알기도 어려운 법의 비밀을 환히 꿰뚫은 이 보살들은, 사람들이 세상에 어떻게 오는지, 가는 곳은 어디인지, 무엇을 바라는지를 아는 힘이 있었으며, 부처님의 비할 바 없는 앎으로

인도하는 관정[13]을 받았으며, 열 가지 능
력과 네 가지 두려움 없음과 열여덟 가지
부처님에게만 있는 특성[14] 등에 대하여
깊은 원력[15]을 품었으며, 악취[16]에 대한
공포와 그 재앙에 대한 두려움의 구렁텅
이를 모두 뛰어넘었다.

각자의 업에 따라 중생의 세계에 다시
태어난다는 사실을 사람들에게 깨우쳐주
었으며, 의왕(醫王) 중의 의왕이었으니 모
든 중생을 바르게 인도하는 법을 알고 있
었으며, 모든 중생의 아픔에 정통하여 알
맞은 법의 약을 베풀었다. 무한한 공덕을
낳는 창고였으며, 무량한 공덕으로 불국
토를 빛내는 이들이었으니, 이 보살들을
만나 귀기울이는 사람들은 한결같이 이로
움이 있었으며, 그러한 것을 실천함은 전
혀 헛된 일이 아니었다. 설령 백천 코티

나유타의 무량한 겁(劫)[17]이 다하도록 보살의 덕을 칭송하여도 그 무한한 덕의 흐름은 좀처럼 끊이지 않으리라.

곧 저 보살들은 등관(等觀)보살, 등부등관(等不等觀)보살, 정신변왕(定神變王)보살, 법자재(法自在)보살, 법당(法幢)보살, 광당(光幢)보살, 광엄(光嚴)보살, 보장엄(寶莊嚴)보살, 대장엄(大莊嚴)보살, 변봉(弁峯)보살, 보봉(寶峯)보살, 보수(寶手)보살, 보인수(寶印手)보살, 상하수(常下手)보살, 상거수(常擧手)보살, 상연경(常延頸)보살, 상희근(常喜根)보살, 상희왕(常喜王)보살, 천왕(天王)보살, 무굴변(無屈弁)보살, 허공장(虛空藏)보살, 집보거(執寶炬)보살, 보길상(寶吉祥)보살, 제망(帝網)보살, 광망(光網)보살, 무애정려(無碍靜慮)보살, 혜봉(慧峯)보살, 보시(寶施)보살, 괴마(壞魔)보살, 뇌천(雷天)보살, 현신변왕(現神變王)보살, 봉상등엄(峯相等嚴)보살, 사자후(獅子吼)보살, 산상격왕(山相擊王)보살, 향상(香象)보살, 대향상(大香象)보살, 상정진(常精進)보살, 불사선액(不捨善帆)보살, 묘혜(妙慧)보살, 묘생(妙生)보살, 연화승장(蓮華勝藏)보살, 연화엄(蓮華嚴)보살, 관자재(觀自在)보살, 득대세(得大勢)보살, 범망(梵網)보살, 보장(寶杖)보살, 승마(勝魔)보살, 엄토(嚴土)보살, 주보개(珠寶蓋)보살, 금계(金髻)보살, 주계(珠髻)보살, 미륵(彌勒)보살, 문수사리(文殊舍利)보살을 비롯한 3만 2천의 보살이었다.

'근심을 모르는 세계'라는 4대륙에서 온 지계범왕(持髻梵王) 이하 1만 범천들도 세존께 예배공양을 올린 다음 설법을 들으려고 그들 속에 함께 있었다.

아울러 4대륙 곳곳에서도 1만 2천의 제

18

석천(帝釋天)이 모여들어 함께 동참하였다.

그리고 큰 위신력과 드높은 명예를 지닌 범천 및 제석천, 천(天), 용(龍), 야차(夜叉), 건달바(乾闥婆), 아수라(阿修羅), 가루다(迦樓茶), 긴나라(緊那羅), 마후라가(摩睺羅迦)[18] 등도 자리를 같이하였으며, 4부대중[19]으로서 비구, 비구니, 남자신도, 여자신도 들도 거기에 있었다.

부처님의 설법

세존께서는 곧 공덕의 근원인 사자좌에 올라 백천이나 되는 수많은 청중들에 둘러싸인 채 설법을 시작하셨다. 그것은 마치 뭇 산들의 왕인 수미산이 바닷속에서 불쑥 솟아오른 듯 부처님은 그 자리에 있는 모든 중생을 감싸며 찬란하고도 눈부신 위용을 발하면서 사자좌에 앉으셨던 것이다.

그때 바이살리의 릿차비족(族) 출신의 보장(寶藏)보살을 비롯하여 같은 부족의 5백여 젊은이들이 각기 일곱 가지 보석으로 장식한 산개(傘蓋)를 받쳐들고 일제히 법회장에 들어섰다. 그들은 곧 세존의 발에 이마를 조아리고 지극한 마음으로 주위를 오른쪽으로 일곱 차례 허리 굽혀 돈 후에 가지고 온 산개를 모두 세존께 바친 뒤, 한켠으로 가서 자리를 잡았다.

부처님께 바친 5백 개의 산개들은 곧 그 위신력에 의해 하나의 거대한 보개(寶蓋)로 변하더니 다시 저 삼천대천세계[20]를 온통 뒤덮는 것이 아닌가. 그 순간 삼천대천세계에 있는 크고도 넓은 것들이 모두 보개 아래에 모습을 드러내니, 그곳에 솟아 있던 수미산을 비롯한 뭇 산들과

설산(허말라야 산), 무철린다산, 대(大)무철
린다산, 향산, 보산, 흑산, 철륜산, 대철륜
산 들도 모두 이 보개 아래에 모습을 드
러냈다. 또한 삼천대천세계의 망망대해와
호수며 늪, 연못, 강, 시내, 샘 들도 모두
그 아래에 나타났고 해와 달과 별, 천궁
과 용궁뿐만 아니라 야차와 건달바, 아수
라, 가루다, 긴나라, 마후라가 들이 사는
궁성과 4대천왕의 처소, 혹은 도시와 시
골, 성읍, 국토, 왕궁 등도 보개 아래에
모습을 드러냈다. 게다가 시방의 모든 세
계에서 쉼 없이 설법을 행하고 있는 수많
은 부처님들의 음성도 그 보개로부터 들
려오고 있었다.

　이와 같이 엄청난 세존의 위신력을 목격
한 대중들은 한결같이 이것은 여간 예사로
운 일이 아니라는 경탄과 함께 마음 깊이

만족하고 희열에 차올랐다. 그들은 곧 환희에 찬 마음으로 세존께 예배를 올린 뒤 정신을 가다듬어 주시하였다.

보장보살의 찬가

그때 청년 보장은 이처럼 크나큰 위신력을 보고 얼른 땅바닥에 오른쪽 무릎을 꿇고 세존께서 앉아 있는 곳을 향해 합장을 올리면서 다음과 같이 찬양하였다.

드맑고 아름다운 연꽃잎같이
넉넉한 눈을 가지시며
마음은 맑고 깨끗하여
고요한 가운데 최고의 피안에 도달하였고
선행으로 닦은 공덕의 바다
이루 헤아릴 길 없나니

사문[21]으로서 해탈의 길을 걷는
세존께 경배하나이다.

인간 세상에서 가장 탁월한 분,
중생을 제도하기 위해 신통력 부리시니
선서[22]께서 머무시는 온갖 승묘한 국토도
그 가운데 모두 모습 보이네.
그리고 세존께서 설하신 불사(不死)의 대법문
또한 허공 가운데에
그 비밀을 모두 열어 보이네.

세존의 최고법이 머무는 왕국은
법 그대로 어긋남 없이 다스려지며
사람들에게 법이라는 재산 나누어 준다.
존재로서의 법들을 잘 분별하여
최고의 진리 설하며
법에 대해 자재로운
법왕이신 세존께

정례[23] 올리나이다.

세상은 존재하는 것도 아니고
존재하지 않는 것도 아니니
눈앞에 보이는 모든 법은
단지 인연 따라 일어난 것일 뿐
거기에는 나[我]도 없고
느끼는 자도 행위하는 자도
실체로서 존재하지 않는다.
하지만 착한 일이건 악한 일이건
그 업은 결코 소멸하지 않는다고
세존께서는 설하셨네.

현명하고 힘 있는 세존께서는
마군(魔軍)의 대적을
보리수 아래에서 정복하고
적정하고 평안하며 멸함 없는
최고의 깨달음 이루셨다.

그 경지에서는
느끼어 받아들이는 것도 없고
마음에 흔들림도 없어라.
이 같은 일 저 천박한 이교도들에게는
조금도 이해 가지 않으리.

신들과 인간들이 경탄해 마지않는
세 차례에 걸친 법왕의 설법[24]
두 눈으로 똑똑히 목격하였다.
모습은 각각일지언정
그 본성은 극히 고요하매
본래 청정하여라.
이와 같은 설법 있고 나서
비로소 삼보가 세상에 틀잡혔나니.

그대 법보로서 사람들 교화할 때
번뇌는 눈 녹듯이 녹아
영원히 평안에 든다.

그대 실로 생로병사의 불안을 씻어 주는
최고의 의사이어라.
바다 같은 무한한 덕을 갖추신 세존께
정례 올리나이다.

아무리 지극한 공경에도
흔들림 없는 것은 수미산 같으시며
계를 지키거나 지키지 않거나
똑같이 자애를 베푸시어
마음이 평등하기 마치
하늘과 같으시니
저 사람들 가운데의 보배를 보고
뉘라서 존경하지 않으리요.

위대한 무니[25]시여.
여기 법석에 모인 사람들 모두
지극히 맑은 마음으로
세존 얼굴 우러르면서

승리자[26]가 분명
내 앞에 계시는구나 생각한다.
승리자에게서만 볼 수 있는
이 일은 부처님의 특유한 모습이라.

세존께서 한 마디 말씀 던지는 순간
모여 있던 사람들 각기 제 나라 말로 이해하고
또 자신에 맞추어 받아들인다.
승리자에게서만 볼 수 있는
이 일은 부처님의 특유한 모습이라.

세존께서 한 마디 말씀 던지는 순간
어떤 자는 티끌에서 벗어나고
어떤 자는 깨달음을 얻으며
마음 속에 도사린 온갖 의문
또한 도사[27] 덕분에 스러지네.
승리자에게서만 볼 수 있는
이 일은 부처님의 특유한 모습이라.

십력(十力)으로 사람들 제도하는
용맹스러운 세존께 경배 드리나이다.
네 가지 두려움을 여의고
그로부터 벗어난 세존께
경배 드리나이다.
열여덟 가지 고귀한 인격을 바탕으로
모든 사람들 인도하는 세존께
경배 드리나이다.

이 세상에 얽매인 족쇄 끊어버린
세존께 경배 드리나이다.
이미 피안에 도달하여
그곳에 우뚝 서 있는
세존께 경배 드리나이다.
미혹한 사람들 건네주신
세존께 경배 드리나이다.
이제 윤회의 길에 머물지 않는
세존께 경배 드리나이다.

세상 사람들과 함께 걷거나 만나더라도
마음만은 그로부터 이미 해탈하였으니
물 속에 잠겨 있는 청정한 연꽃이
흙탕물에 물들지 않듯
현자(賢者)라는 이름의 연꽃은
흙탕물을 벗어나 공성[28]을 실천한다.

온갖 것 분별에서 훌쩍 벗어나
그대는 이제 아무것도 좋지 않는다.
부처님의 크나큰 위신력은
헤아릴 길 없나니
대공(大空)처럼 일체의 집착을 떠난
세존께 나 경배 드리나이다.

청정한 불국토

보장보살은 찬가를 마치고 세존께 다음
과 같이 여쭈었다.

"세존이시여, 저희 릿차비족의 젊은이 5백 명은 모두 위없는 온전한 앎에 도달하고 싶어 이렇게 발심하였습니다. 앞서 이들은 보살이 부처님의 국토를 청정하게 한다는 말이 도대체 어떤 것인지를 저에게 물었습니다. 그러니 세존이시여, 부디 이 보살들에게 불국토를 청정하게 하는 것에 대해 가르침 주시기를 간곡히 여쭙니다."

이야기를 다 들은 세존께서는 "훌륭하다"라는 말씀과 함께 답하셨다.

"보장이여, 불국토를 청정하게 한다는 것에 대해 그대가 여래에게 의문을 낸 것은 아주 잘한 일이다. 이제 귀를 기울여 듣고 깨달음을 얻도록 하라. 자, 그러면 보살이 불국토를 청정하게 한다는 것에 대해 설명을 시작하리라."

"예, 부디 그렇게 해주소서."

보장을 비롯한 5백 명의 릿차비족 청년들은 이렇게 대답하고 곧 두 귀를 곤두세웠다.

세존의 설법은 다음과 같았다.

"선남자들이여, 중생[29]이라는 국토야말로 보살의 불국토이니 보살은 중생의 이익이 증대되는 정도를 가리켜 불국토라고 생각하기 때문이다. 불국토라는 것은 중생의 올바른 생활에 따라 정해진다.

불국토에 간다는 것이 어떤 것인가 하면, 중생이 과연 부처님의 앞에 도달할 수 있을까 하는 문제 의식의 깊이에 따라 불국토에 가고 못 가고가 정해진다. 불국토에 간다는 것이 어떤 것인가 하면, 사람들이 과연 성자들과 동등한 근기를 가지고 있을까 하는 문제 의식의 깊이에 따라 불국토에 가고 못 가고가 정해진다.

그 이유는 보살에 있어서 불국토라고
하는 것은 결코 중생의 이익과 무관히 성
립되는 것이 아니기 때문이다.

보장이여, 예를 들면 다음과 같다. 공중
에 무언가를 만들어 놓으려는 사람이 있
다고 치자. 하지만 공중에 무언가를 만들
어 놓는다는 것은 실제로 불가능하며, 또
한 그것을 장식한다는 것도 있을 수 없다.

이와 같이 모든 존재는 마치 저 허공과
같다는 사실을 일찍이 깨달은 보살이 다
시 중생들의 바탕이 무르익을 때까지 그
들 속에 그대로 남아 있으려는 원력에 따
라 불국토는 정해지는 것이다. 그러므로
정작 불국토는 중생세계가 아닌 공중에는
만들어질 수도 장식되어질 수도 없는 것
이다.

하지만 보장이여, 중생의 정직한 마음[30]

이라는 국토야말로 보살의 불국토이다. 보살이 깨달음을 얻었을 때 그 불국토에는 남을 속이지 않는 정직한 중생이 태어나리라. 깊은 원력[31]이라는 국토 역시 불국토이다.

그 불국토에는 일체의 선근과 지와 덕을 겸비한 중생이 태어난다. 수행이라는 국토야말로 보살의 불국토이다. 그 불국토에는 일체의 선법을 바탕으로 삼는 중생이 태어난다. 보살의 위대한 발심이야말로 불국토이다. 그곳에는 이미 대승에 들어가 있는 중생이 태어난다.

보시라고 하는 국토가 보살의 불국토이다. 저 보살이 깨달음을 얻었을 때 그 불국토에는 일체의 재물을 보시하는 중생이 태어나리라. 계율이라는 국토가 보살의 불국토이다. 그곳에는 일체의 선을 염두에 두고 십선업도[32]를 실천하는 중생이 태어난다.

인욕이라는 국토가 보살의 불국토이다. 그곳에는 32상(三十二相)으로 몸을 꾸미고 인내와 온유와 적정이라는 훌륭한 피안에 도달한 중생이 태어난다. 정진이라는 국토가 보살의 불국토이다. 그곳에는 일체의 선을 실천하고자 노력하는 중생이 태어난다.

선정이라는 국토가 보살의 불국토이다. 그곳에는 바르게 생각하고 바르게 알아 마음에 평정을 얻은 중생이 태어난다. 지혜라는 국토가 보살의 불국토이다. 그곳에는 진실을 꿰뚫어 보는 자질을 이미 단단하게 다져놓은[33] 중생이 태어난다.

네 가지의 무량함[四無量][34]이 보살의 불국토이다. 그곳에는 자비와 동정심과 환희와 평등한 마음을 가진 중생이 태어난다. 사람들을 진리에 다가서게 하는 네 가지 덕목[四攝事][35]이 보살의 불국토이다. 그곳에는 일체의 해탈을 향해 나아가는 중생이 태어난다. 방편에 뛰어난 것이 보살의 불국토이다. 그곳에는 온갖 방편과 관찰에 능숙한 중생이 태어난다.

깨달음으로 나아가는 서른일곱 가지 적절한 방법[36]이 보살의 불국토이다. 그곳에는 네 가지 바르게 마음쓸 일과 네 가지 바르게 노력할 일, 네 가지 기초적인 신통력, 다섯 가지 기능, 다섯 가지 능력, 일곱 가지의 선택 그리고 여덟 가지의 바른 길을 실천할 줄 아는 중생이 태어난다.

회향[37]하는 마음이 보살의 불국토이다. 이 불국토에는 온갖 공덕으로 몸을 치장한 사람들이 출현한다. 여덟 가지 불행한 탄생[38]으로부터 벗어나도록 하는 설법이 보살의 불국토이다. 그곳에서는 사람들마다 모든 악취[39]가 완전히 끊어져 여덟 가지 불행한 탄생도 찾아볼 수가 없다.

몸소 계율의 조문을 준수하면서 정작 타인의 잘못은 입에 올리지 않는 일이야말로 보살의 불국토임에 틀림없다. 그곳에서는 잘못이라는 말조차 들을 수가 없다. 청정한 십선업도야말로 보살의 불국토이다. 저 보살이 깨달음을 얻었을 때 그 불국토에는 선업을 닦은 결과로서 천수를 누리는 사람, 대부호가 된 사람, 이성과의 교제에 흠이 없는 사람, 진실을 말하는 사람, 말씨가 온화한 사람, 가족간에 화목한 사람, 싸움을 절묘하게 화해시키는 사람, 시기하지 않는 사람, 성내지 않는 사람, 올바르게 보는 사람 등의 중생들이 태어난다.

36

선남자들이여, 깨달음에 대해 보살이
이와 같이 발심하는 것이 불국토인 것처
럼 정직한 마음 또한 불국토이다. 정직한
마음과 마찬가지로 수행 또한 불국토이
다. 수행이 있는 한 깊은 서원 또한 불국
토이다.

깊은 서원이 있는 한 통찰력도 갖게 되
고 통찰력이 있는 한 가르침에 따라 실천
하게 되며 실천이 있는 한 회향도 있고
회향이 있는 한 방편도 있으며 방편이 있
는 한 국토는 청정하다.

국토가 청정한 것같이 중생 또한 청정
하며 중생이 청정한 것같이 앎 또한 청정
하며 앎이 청정한 것같이 설법 또한 청정
하며 설법이 청정한 것같이 앎을 완성하
는 일 또한 청정하며 앎을 완성하는 일이
청정한 것같이 자신의 마음 또한 청정하다.

    그러한 까닭에 젊은이들이여, 불국토가
청정하기를 바라는 보살은 자신의 마음을
청정하게 다스리는 일에 전념해야 하리니
보살의 마음이 얼마나 청정한가에 따라
불국토도 그만큼 청정해지기 때문이다."

    사바세계인 까닭

    그때, 부처님의 위신력으로 사리불(舍利
弗)[40]의 마음에 문득 이런 의문이 일어났
다. '마음이 얼마나 청정한가에 따라 보살
의 불국토도 그만큼 청정해진다는 것이
사실이라면, 석가 세존의 경우 보살행을
그만큼 닦았는데도 여전히 그 마음이 청
정하지 않다는 것이 도대체 있을 법이나
한 일일까? 세존께서 머물고 계시는 이
불국토가 이와 같이 부정하게 보이는 이

유는 도대체 무엇일까?'

사리불의 마음을 환히 들여다보고 계시던 세존께서 곧 다음과 같이 설하셨다.

"사리불이여, 다음과 같은 일을 어떻게 생각하는가. 해와 달을 과연 부정하다고 말할 수 있을까? 아마 그대는 그렇지 않다고 대답하리라. 그렇다면 맹인들에게는 왜 그것이 보이지 않는 것일까?"

사리불이 말했다.

"세존이시여, 그것은 단지 맹인들의 잘못일 뿐 해와 달에게는 아무런 잘못이 없습니다."

세존께서 이르셨다.

"사리불이여, 그와 마찬가지로 어떤 사람에게는 여래의 불국토가 온통 공덕으로 장식되어 있는 광경이 좀처럼 눈에 들어오지 않는다. 이는 오직 그 사람의 어리석

음으로 인한 잘못일 뿐 여래에게는 아무
런 잘못이 없다. 사리불이여, 여래의 불국
토는 원래 청정함에도 불구하고 그대에게
는 단지 그것이 바로 보이지 않을 뿐이다."

그때 범천 가운데 하나인 나계범왕(螺
髻梵王)이 사리불에게 말했다.

"대덕이여, 여래의 불국토가 청정하지
않다느니 하는 말은 삼가하시기를. 사리
불이여, 세존의 불국토가 청정한 것은 마
치 타화자재천[41]의 궁전이 호화롭게 장식
되어 있는 것과 같으며, 우리는 석가모니
세존의 불국토 역시 그것과 조금도 다르
지 않다고 생각하고 있습니다."

사리불이 말했다.

"범천이여, 나에게는 이 대지가 높고
낮은 언덕과 수풀과 낭떠러지와 산마루와
도랑과 진흙 등으로 온통 뒤범벅된 것처

럼 보입니다."

범천이 말했다.

"불국토가 그와 같이 부정하게 보이는 이유는 그대 자신의 마음 속에 높거나 낮거나 하는 그런 분별이 아직 남아 있기 때문이며 부처님의 지혜에 이르고자 하는 염원이 청정하지 않기 때문입니다. 사리불이여, 일체 중생에 대해 평등한 마음을 가지며 부처님의 지혜에 이르고자 하는 염원이 청정한 사람에게는 이 불국토 역시 청정한 곳으로 보이게 마련입니다."

청정한 사바세계

그때 세존께서 사람들이 여전히 미심쩍어하는 것을 아시고 이 삼천대천세계 위에 가만히 발가락을 올려놓으셨다.

순간, 한량없는 백천의 보배를 겹겹이 치장한 세상이 눈앞에 가득 펼쳐졌다. 그것은 마치 보장엄 여래의 세계가 무한한 공덕이라는 보배로 온통 장식되어 있는 것과 똑같은 광경이었다. 그 자리에 있던 무리는 한결같이 이를 크게 경이로워하며 자신들 역시 보배로운 연꽃으로 꾸며진 자리 위에 앉아 있다는 사실을 문득 깨닫기에 이르렀다.

그때 세존께서 사리불을 향해 이르셨다.

"사리불이여, 불국토가 이와 같이 온통 공덕으로 장식되어 있는 광경을 그대는 보고 있는가?"

사리불이 여쭈었다.

"보고 있습니다. 세존이시여. 이와 같은 광경은 실로 지금까지 들은 적도 본 적도 없습니다."

세존께서 이르셨다.

"사리불이여, 이 불국토는 영원토록 이런 모습이었건만 여래는 짐짓 저 우둔한 중생들을 점차적으로 깨우치기 위하여 이 불국토에 그토록 많은 흠집과 부정이 널려 있는 듯이 보이도록 배려하고 있는 것이다.

예를 들어 사리불이여, 보석 그릇에 음식을 담아 먹는다는 점에 있어서는 모든 신들이 똑같지만 과거에 얼마만큼 덕을 쌓았는가에 따라 그 식사가 제호미(醍醐味)일 수도 있고 그렇지 않을 수도 있는 것이다. 이와 마찬가지로 사리불이여, 사람들은 모두 똑같은 불국토에 태어나지만 그들 자신이 얼마만큼 청정한가에 따라 불국토를 공덕으로 치장하는 방법에는 갖가지 차이가 있게 되는 것이다."

이와 같이 온갖 공덕에 의해 장식된 모

습의 불국토가 눈앞에 나타나자 8만 4천
이나 되는 사람들 모두가 위없는 완전한
깨달음을 얻고자 문득 발심하였다. 보장
과 함께 그곳에 있던 5백 명의 릿차비족
청년들 역시 기꺼이 진리를 따른다고 하
는 앎[42]을 얻었다.

얼마 안 되어 세존께서 신통력을 거두
어들이자 불국토는 곧 이전의 모습으로
되돌아갔다. 그 광경을 지켜보고 있던 성
문승[43]의 신과 인간들은 '만들어진 세계
는 과연 무상하다'는 사실을 깨닫고 3만
2천이나 되는 이들이 곧장 티끌 하나 없
는 청정한 눈으로 법을 볼 수 있는 경지
에 올랐다.

8천의 비구들도 곧 집착을 여의고 번뇌
로부터 마음이 해탈된 경지에 올랐다. 또
한 광대한 불국토에 대해 믿고 따르는 마

음을 품은 8만 4천이나 되는 이들도 모든
존재는 마음에 의해 만들어지고 망상된
것이라는 사실을 간파하고 바르게 완성된
위없는 깨달음을 향해 크게 발심하였다.

제2장 부사의한 방편
(方便品)

유마거사의 성품

　당시 바이살리 성에는 릿차비족에 속하는 유마[44]라는 사람이 살고 있었다. 그는 과거세에 걸쳐 승리자이신 부처님을 존경하여 선근을 쌓았으며, 많은 부처님을 예배하고 만물은 원래 불생(不生)이라는 앎을 얻었으며, 말솜씨가 뛰어났고 마음대로 신통력을 부렸으며, 다라니를 얻었으

며, 두려움을 여의었으며, 마(魔)와 적대
자들을 떨쳐낸 이였다.

 그는 심오한 법의 본질에 정통했으며,
반야바라밀다를 완성했고 절묘한 방편을
잘 이해하고 위대한 서원을 품었으며, 중
생이 원하는 바를 잘 헤아렸으며, 중생의
근기가 뛰어난지 하열한지 속속들이 알고
그에 알맞은 법을 설하였으며, 대승의 이
치를 힘써 닦았으며, 바르게 살피어 행동
하였으며, 부처님의 위의를 본받았으며,
바다같이 넓고 깊은 탁월한 지혜에 도달
하여 모든 부처님의 칭송을 들었으며, 제
석천과 범천 같은 세상을 수호하는 신들
로부터 크게 존경받는 이였다.

 당시 그가 바이샬리 성에 머물고 있던
이유는 자신의 뛰어난 방편력으로 중생들
의 우둔한 근기를 향상시키고자 하는 일

넘에서였다.

　의지할 데 없는 중생이나 가난한 자들
을 구제하기 위해 그는 써도 써도 바닥나
지 않는 재산을 가지고 있었다. 계율을
어긴 자들을 구제하기 위해 몸소 계율을
엄격하게 준수하였으며, 도리를 어기고
악하며 성 잘 내는 중생을 구제하기 위해
인내와 책임을 다하였으며, 게으른 자들
을 구제하기 위해 정진의 불꽃을 밝혔으
며, 마음의 갈피를 잡지 못해 방황하는
이들을 구제하기 위해 선정과 염불과 삼
매를 닦았다. 그리고 지혜가 변변치 못한
이들을 구제하기 위해 똑떨어지는 지혜를
지니고 있었다.

　여느 사람들과 같이 비록 몸에는 흰옷
을 걸쳤지만 행동거지는 사문과 다름이
없었으며, 정작 세속에 머물면서도 욕계

48

와 색계와 무색계[45]를 훌쩍 뛰어넘었다. 자식과 아내와 고용인들을 거느리고 있었지만 항상 몸이 청정했으며 주위에 친족들이 들끓어도 늘 여유롭게 처신하였다. 장신구로 몸을 꾸민 듯이 보였지만 실은 부처님 같은 뛰어난 상호를 구비하였으며, 여느 음식물을 즐기는 듯 보였지만 실은 늘 선정의 기쁨으로 식사를 삼았다.

도박이나 주사위 노름을 하는 곳에도 모습을 드러냈지만 오로지 노름에 빠진 이들을 효과적으로 제도하기 위해서였다. 이교도들로부터 온갖 비난을 받았지만 결코 부처님의 가르침을 여의지 않으리라 맹세하였다. 세속적인 주문이나 지식은 물론이요 출세간적인 주문이나 논서에도 해박했지만 오직 불법이 주는 기쁨만을 누리리라 다짐했으며, 어느 모임에 나가서도 그 가운데 제일 웃어른으로 존경받았다.

세간에 어울려 살기 위해 백발의 노인에서부터 한창 젊은이에 이르기까지 널리 교유하였지만 그 언행은 한 치도 법에 어긋나지 않았다. 세속적인 직무에도 종사했지만 결코 이익이나 향락을 얻기 위함이 아니었다. 중생을 두루 인도하기 위해서는 삼거리든 사거리든 장소를 가리지 않았으며 중생을 수호하기 위해서 정치에도 뛰어들었다.

소승에 대한 관심을 떨치고 대승으로 사람들을 이끌기 위해서 법을 설하거나 담론하는 장소에 어김없이 나타났으며 무지한 아이들의 교육을 위해서는 모든 학교를 찾아다녔다. 애욕의 허망함을 보여주고자 음침한 창녀촌도 마다하지 않았으며, 바른 심기의 소중함을 깨우쳐주기 위해서 어떤 술집도 피하지 않았다.

큰 부자이면서도 뛰어난 덕을 지니고 있었기에 상인 중의 상인으로 두루 존경받았으며, 물질에 대한 일체의 탐욕을 끊었기에 거사(居士) 중의 거사로 두루 존경받았다. 인내심과 포용력과 용맹함을 확립하였기에 크샤트리아 중의 크샤트리아로 두루 존경받았으며, 아만과 교만과 오만을 타파하였기에 바라문[46] 중의 바라문으로 두루 존경받았다.

왕의 명령을 법에 어긋나지 않게 시행하였기에 대신 중의 대신으로 두루 존경받았으며, 일국의 왕으로서 향락이나 권세에 대한 집착을 여의었기에 왕 중의 왕으로 두루 존경받았다. 그리고 궁중의 젊은 여인들을 잘 이끌었기에 최고의 내관으로 존경받기도 하였다.

혼히 마주치는 선행 가운데에 훌륭한 덕이 깃들여 있음을 알고 서민들과 동고 동락하였다. 자재력(自在力)을 지배하는 능력이 있었기에 제석천 중의 제석천으로 두루 존경받았으며, 뛰어난 앎을 획득하였기에 범천 중의 범천으로 두루 존경받았으며, 모든 중생의 우둔한 근기를 성숙케 하였기에 세상의 수호신 중의 수호신으로 두루 존경받는 이였다.

릿차비족 사람 유마는 이와 같이 절묘한 방편이 샘솟아 나오는 무량한 지혜를 지니고 있었다.

유마거사의 병

방편에 뛰어난 그는 짐짓 자신이 병에 걸린 듯이 일을 꾸몄다.

그러자 바이샬리의 국왕을 비롯하여 대신과 관리와 청년, 바라문, 거사, 상인과 도시와 시골에 사는 사람들을 포함한 수천 명이 앞다투어 그를 문병하였다.

문병차 모여든 사람들을 둘러본 유마는 네 가지 원소[四大:地·水·火·風]로 이루어진 이 몸을 놓고 다음과 같이 법을 설하였다.

"벗들이여, 이 몸은 실로 무상하며 견고하지 아니하고 의지할 것이 못되며, 가냘프고 알맹이가 없으며, 허물어지는 것이고 오래가지 못하며, 고통이며 병덩어리이며, 변화하는 성질[무상]을 지닌 것이다.

벗들이여, 이 몸은 따로따로 떨어지는 것이 아니다. 그것은 마치 거품이 뒤엉킨 것과 같다. 이 몸은 오래 견디지를 못하니 물방울 같고 번뇌로운 애욕에서 생긴 것

이니 아지랑이 같다. 이 몸에는 심지가 없
으니 파초 둥치 같으며 뼈와 근육이 결합
되어 이루어졌으니 마치 기계장치 같다.

이 몸은 마음의 뒤바뀜에서 생겼으니
허깨비 같고 바른 모습이 드러나지 않으
니 꿈결 같다. 이 몸은 과거생의 행위를
반영하여 나타났으니 그림자 같으며 인연
에 의하여 출현했으니 메아리 같다.

이 몸은 마음이 어지러운 상태를 닮았
으니 뜬구름 같고 한순간만 존재할 뿐 결
코 오래 머물지 않음은 번쩍이는 번갯불
같다. 갖가지 인연이 모여 생겨난 것이니
이 몸을 지배하는 주체란 있을 수 없다.

이 몸은 흙 같아서 제 뜻대로 움직이는
법이 없다. 이 몸은 물 같아서 나라는 실
체가 없다. 이 몸은 불 같아서 정해진 수
명이 없다. 이 몸은 바람 같아서 나〔個

54

我][47]라고 할 것도 없다. 이 몸은 허공 같아서 자성[48]이 없다.

이 몸은 네 가지 원소로 집을 삼지만 그렇다고 실재하지는 않는다. 이 몸은 나도 아니고 내 것도 아니고 오로지 공(空)일 뿐이다. 이 몸은 풀잎이나 나무나 담벽이나 기왓장이며 병든 눈에 비친 그림자 같아서 아무런 감각도 없다. 이 몸은 풍차 같아서 저 스스로의 느낌이란 없다. 이 몸은 아무리 자주 씻고 닦아도 결국 스러져 흩어지고 마는 허망한 것이다. 이 몸은 404가지 병으로 신음한다. 이 몸은 한시도 쉬지 않고 늙음의 지배를 받고 있나니 마치 오래 된 우물 같다. 이 몸은 죽음으로 최후를 맞이하나니 결코 오래 존속하지 않는다. 이 몸은 오온과 육계와 십이처[49]로 이루어졌다고 여겨지나니 마

치 다섯 사람의 사형집행인이요, 독을 가
진 뱀이요, 텅 빈 마을 같다. 그대들은 마
땅히 이러한 몸을 멀리하는 대신 여래의
몸을 간절히 믿고 따르는 마음을 일으켜
야 한다.

여래의 몸

벗들이여, 여래의 몸이란 곧 법신[50]을
말함이니 이는 바른 앎으로부터 생긴다.
여래의 몸은 공덕에서 생기고 보시에서
생긴다. 또한 계를 지키는 데에서 생기고
삼매에서 생기고, 지혜에서 생기고, 해탈
에서 생기고, 해탈을 자각하는 앎[51]에서
생긴다. 또한 자비[慈]와 동정심[悲]과
기쁨[喜]과 평등심[捨]에서 생긴다.
또한 보시와 규범과 자제(自制)로부터

생기고, 십선(十善)을 실천하는 데에서 생기고, 인내와 온정에서 생기고, 굳게 노력하는 선근에서 생기고, 네 가지 선정과 여덟 가지 해탈과 세 가지 삼매와 네 가지 마음을 집중하는 데에서 생기고, 많이 듣는 것과 지혜와 방편에서 생긴다. 또한 서른일곱 가지 깨달음으로 이끄는 적절한 방법으로부터 생기고 고요한 마음[止]과 명확한 관찰[觀]로부터 생긴다.

여래의 몸은 네 가지 두려움 없음과 부처님에게만 있는 열여덟 가지 특성에서 생긴다. 모든 바라밀다로부터 생기고 여섯 가지 신통력과 세 가지 앎[三明][52]으로부터 생긴다. 갖가지 악을 끊고 모든 선을 끌어모으는 데에서 생긴다. 또한 진리로부터 생기고, 옳음으로부터 생기고, 게으르지 않은 데에서 생긴다.

벗들이여, 여래의 몸은 한량없는 선을 실천하는 데에서 생긴다. 그대들은 마땅히 이와 같은 여래의 몸을 믿고 따르는 마음을 길러야 하며 특히 모든 사람들의 번뇌라는 병을 끊어내기 위해서는 이같이 바르게 완성된 깨달음을 향해 크게 발심해야 하는 것이다."

　릿차비족 사람 유마는 자신의 문병객들에게 이와 같이 법을 설했으며 그 결과 8천 명이나 되는 많은 사람들이 깨달음을 얻고자 크게 발심하였다.

제3장 제자와 보살들의 병문안
(弟子品)

그때 유마는 생각하였다.

'세존께서는 내가 병에 걸려 병상에서 신음하고 있다는 소문을 들으셨을 터인데도 아라한이시며 완전한 지혜를 지닌 여래께서는 아무도 대신 보내서 내 병을 묻지 않으신다. 그분은 나를 조금도 염두에 두지 않고 가엾게 여기지도 않으신다는 말인가.'

사리불의 좌선

세존께서는 곧 유마의 이런 생각을 꿰뚫어 보시고 사리불[53]에게 이르셨다.

"사리불이여, 유마의 문병을 다녀오지 않겠는가?"

그러자 사리불이 세존께 여쭈었다.

"세존이시여, 저에게는 유마를 문병할 능력이 없으니 문득 다음과 같은 일이 생각나서입니다.

언젠가 나무 아래에 앉아서 선정에 들어 있을 때의 일이었습니다. 유마가 제게 다가오더니 이렇게 말하는 것이었습니다.

'대덕 사리불이시여, 그대가 좋고 있는 것은 단지 그 방법일 뿐 좌선은 결코 수행의 대상이 될 수 없습니다. 원래 몸도 마음도 삼계(三界) 가운데 그 모습이 내비치지 않도록 해야 참다운 좌선인 것입니다. 멸진정[54]에 들어 있는 그대로 행주좌와를 내 보이는 그런 좌선을 행하소서. 이미 획득한 성자로서의 위의를 잃지 않으면서 평범한 사람들의 성품마저 지니는 그런 좌선을 행하소서. 그대 마음이 안도 아니고 바깥 사물에도 향하지 않도록 좌선을 행하소서. 그릇된 견해까지도 무시하지 않고 37조도품 위에 모습을 나타내는 그런 좌선을 행하소서. 윤회를 부르는 번뇌마저 끊지 않고 그대로 열반에 드는 그런 좌선을 행하소서. 대덕 사리불이시여, 누구인가 이미 그러한 좌선을 행하고 있다면 세존께서는 반드시 그를 진정한 좌선인(坐禪人)이라고 부르실 것입니다.'

세존이시여, 당시 저는 그가 설하는 이같은 진리를 듣고 일언반구도 대꾸할 수

가 없었습니다. 그러기에 저는 저 고매하
신 유마의 문병은 엄두조차 낼 수가 없는
것입니다."

목련의 설법

세존께서 다시 목련[55]에게 이르셨다.
"그대가 유마의 문병을 다녀오지 않겠
는가?"
목련이 여쭈었다.
"세존이시여, 제게는 저 고매하신 분을
문병할 능력이 없으니 문득 다음과 같은
일이 생각나서입니다.
언젠가 제가 바이샬리 시내 사거리에서
사람들에게 법을 설하고 있을 때였습니
다. 유마가 제게 다가오더니 이렇게 말하
는 것이었습니다.

'대덕 목련이시여, 흰옷 입은 사람들에
게 법을 설할 때에는 지금 그대가 하는
것처럼 법을 설해서는 온당하지 않습니
다. 대덕이시여, 법은 반드시 여래의 가르
침 그대로 설해야 합니다. 법은 중생이
아니니 중생의 티끌을 벗어난 것입니다.
자아가 아니니 욕망의 티끌을 벗어난 것
입니다. 목숨 있는 것이 아니니 나는 일
도 죽는 일도 벗어난 것입니다. 개아[56]도
아니니 시간적으로 앞뒤가 한정되어 있
지도 않습니다. 법의 특징은 고요함에 있으
니 욕망의 대상이 아니며, 상대에 의존하
지 않으며, 문자로 그려낼 수 없으며, 모
든 언어가 끊어진 것입니다. 설명할 수
없는 것이며 온갖 생각의 물결을 여읜 것
입니다. 모든 것에 두루 찼으며 허공 같
습니다. 색깔도 특별한 성질도 형태도 없

으며 모든 움직임을 떠나 있습니다. 내
것이라 할 것도 없고 내 것으로 취할 것
도 없습니다. 표상하는 것도 없고 심의(心
意)라든가 인지(認知)와도 상관이 없습니
다. 맞서 상대할 만한 것이 없으므로 비
교한다는 일은 있을 수 없습니다. 필연적
인 원인도 없고 연(緣)으로써 설정할 만
한 것도 없습니다.

　법계 가운데에 집약되어 있기 때문에
모든 법은 평등하게 존재합니다. 그것은
원래 뒤를 좇음이 없는 본성을 가지고 있
지만 진여의 뒤를 좇습니다. 결코 흔들리
지 않기 때문에 진실의 궁극에까지 도달
합니다. 여섯 가지 감각의 대상에 의지하
지 않는 까닭에 부동(不動)이며 머무는 일
이 없기 때문에 어디에서 오지도 않고 어
디로 가지도 않습니다. 법은 공성(空性)

가운데에 집약되어 있고 무상(無相)으로 나타나며 무원(無願)[57]의 성질을 가지고 있습니다. 분별함도 없고 부정하여 물리치는 일도 없습니다. 버리는 일도 없고 내세우는 일도 없으며 태어남도 없고 죽음도 없습니다. 돌아가야 할 곳도 없고 눈, 귀, 코, 혀, 몸, 의지로 도달하는 범주도 훌쩍 넘어섭니다. 높아지는 일도 없고 낮아지는 일도 없으며 가만히 멈춘 채 모든 움직임을 떠나 있습니다.

대덕 목련이시여, 이러한 법을 설할 때 과연 어떻게 해야 법답다 하겠습니까? 법을 설한다는 것은 정작 존재하지도 않는 것을 증광(增廣)시켜 말하는 것에 지나지 않습니다. 법문 듣는 사람들 역시 증광되어진 것을 듣는 것에 지나지 않습니다. 대덕이시여, 증광된 말이 실재하는 것이 아니라면 거기에는 법을 설하는 자도 없고 듣는 자도 없으며 이해하는 자도 없습니다. 그것은 마치 허깨비로 나타난 남자가 허깨비인 남자에게 법을 설하는 것과 같은 이치입니다.

이와 같은 점에 유의하여 법을 설하지 않으면 안 됩니다. 그대는 먼저 사람들의 근기를 잘 헤아려야만 합니다. 지혜의 눈으로 능히 꿰뚫어 보고 대비심을 일으키며 대승을 찬탄하고 부처님의 은혜를 떠올리며 마음을 청정하게 하고 저 법의 말씀을 환히 깨달아 삼보의 맥이 끊이지 않도록 하겠다는 생각으로 그대는 법을 설해야 하는 것입니다.'

세존이시여, 당시 그가 이와 같이 설법하는 것을 듣고 무리 가운데에서 8백 명이나 되는 거사들이 위없는 바른 깨달음

에 대해 크게 발심하였습니다. 그에 대해
저는 아무런 대꾸도 할 수 없었습니다.
세존이시여, 그러기에 저는 저 고매하신
분의 문병을 엄두조차 낼 수가 없는 것입
니다."

대가섭의 걸식

세존께서 다시 대가섭[58]에게 이르셨다.
"가섭이여, 유마의 문병을 다녀오지 않
겠는가?"
가섭이 여쭈었다.
"세존이시여, 제게는 저 고매하신 분을
문병할 능력이 없으니 문득 다음과 같은
일이 생각나서입니다.
언젠가 제가 가난한 이들이 모여 사는
동네에서 걸식을 하고 있을 때의 일입니

다. 유마가 제게 다가오더니 이렇게 말하는 것이었습니다.

'부잣집을 피하고 가난한 집만을 골라 걸식하는 것은 그대의 자비심이 평등하지 않아서입니다. 대덕이시여, 법의 평등한 정신을 존중하지 않으면 안 됩니다. 언제나 모든 사람들을 염두에 두고 걸식해야 합니다. 밥을 받지 않기 위해 밥을 걸식해야 합니다. 다른 사람을 개체로서 생각하는[59] 관념을 타파하기 위해 걸식해야 합니다. 아무도 없다는 생각으로 마을에 들어가야 합니다. 남녀를 불문하고 모든 사람의 근기를 성숙시키기 위해 마을에 들어가야 합니다. 그리고 부처님의 친척이라는 생각으로 사람들의 집을 방문해야 합니다.

받지 않는다는 생각으로 밥을 받아야

68

합니다. 사물을 볼 때는 선천적인 장님인 듯, 소리를 들을 때에는 메아리인 듯, 냄새를 맡을 때는 바람인 듯, 맛을 볼 때는 아무런 분별 없이, 대상을 만날 때는 생각 없이 접할 일이며, 허깨비가 지각하는 듯이 법을 받아들일 일입니다. 나도 없고 남도 없다고 생각하는 자에게는 불에 타는 일이 없고 불에 타지 않는 자에게는 소멸하는 일도 없다는 이치와 같습니다.

대가섭이시여, 만약에 여덟 가지 그릇된 것을 그대로 지닌 채 여덟 가지 해탈[60]에 마음을 집중하며 그릇된 평등함에 의해 바른 평등함으로 들어가며, 한술 밥이라도 모든 중생에게 보시하고 또한 모든 부처님과 성자들을 공양한 뒤에 비로소 자신의 허기를 메운다고 한다면 이야말로 티끌과 더불어 먹는 것도 아니고 티끌을

여의고 먹는 것도 아닙니다. 선정에 든
채로 먹는 것도 아니고 선정에서 깨어나
먹는 것도 아닙니다. 또한 그것은 윤회
속에 있는 것도 아니고 열반에 든 것도
아닌 것으로 먹는 것입니다.

대덕이시여, 누군가가 설령 그대에게
공양을 베풀었다 해도 그는 결코 크든 작
든 어떠한 과보도 받는 일이 없습니다.
잃는 것도 없고 훌륭한 사람이 되는 일도
없습니다. 그의 보시행은 오직 부처님의
행적을 좇는 일일 뿐, 그대의 생각처럼
성문의 길을 좇는 것은 아닙니다. 대덕
가섭이시여, 바로 이것이 국토로부터 보
시받은 음식을 헛되이 먹지 않는다는 것
입니다.'

세존이시여, 저는 그의 이 같은 설법을
듣고 정말로 훌륭하다는 생각과 함께 모

든 보살들에게 예배를 올렸습니다. 그리
고 재가인으로서 이와 같이 뛰어난 변재
를 가지고 있다면 그 설법을 듣고 누군들
위없는 바른 깨달음에 대해 크게 발심하
지 않으랴 생각했습니다. 그후 저는 대승
이 아닌 성문승 및 독각승으로 사람들을
인도하는 일을 당장 그만두었습니다. 세
존이시여, 그러기에 저 고매하신 분의
문병을 저는 엄두조차 낼 수가 없는 것입
니다."

수보리의 공양

세존께서 다시 수보리[61]에게 이르셨다.
"수보리여, 그대가 저 유마의 문병을
다녀오지 않겠는가?"
수보리가 여쭈었다.

"세존이시여, 제게는 저 고매하신 분을 문병할 능력이 없으니 문득 다음과 같은 일이 생각나서입니다.

언젠가 바이샬리에 사는 유마의 집에 밥을 빌러 간 적이 있었습니다. 그때 그는 나의 발우에 좋은 음식을 가득 채우고 나서 말하는 것이었습니다.

'대덕 수보리시여, 만약 그대가 음식의 평등성에 의해 일체 존재의 평등성을 알고 일체 존재의 평등성에 의해 부처님 본연의 평등성까지 깨달을 수 있다면 부디 이 공양을 받아주십시오.

대덕 수보리시여, 만약 그대가 탐욕과 노여움과 어리석음을 쳐부수지도 않고 동시에 그들과 함께 있지도 않다면, 또한 개아에 대한 그릇된 생각을 쳐부수지 않은 채 동시에 모두가 똑같이 나아가는 참

된 도[一行道]를 향하고 있다면, 또한 무
지와 존재에 대한 애착에서 벗어나지 않
은 그대로 지혜와 해탈을 낳을 수 있다면
부디 이 공양을 받아주십시오.

　무간업죄[62]의 평등성이 그대의 해탈과
평등함을 알고 있다면, 그리고 그대 자신
이 해탈해 있지도 않고 동시에 속박되어
있지도 않다면, 또한 네 가지 거룩한 진
리[四聖諦]를 이해한다고도 말하지 않고
동시에 이해 못한다고도 말하지 않는다면
부디 이 공양을 받아주십시오.

　과보에 따라 성자가 되어 있지도 않고
그렇다고 해서 범부가 되어 있는 것도 아
니며 범부의 법을 거스르는 것도 아니라
면, 또한 성자도 아니고 성자가 아닌 것
도 아니며 또한 모든 법을 지니고 있으면
서도 동시에 법이라는 생각마저 모두 떨

쳐버렸다면 대덕 수보리시여, 부디 이 공양을 받아주십시오.

또한 만약 스승이신 부처님을 찾아뵙지 않고 법문도 듣지 않으며 승단에도 참여치 않으면서, 저 육사외도(六師外道)[63]를 스승으로 삼아 그들을 따라 출가하며 그들이 가는 곳이면 그대도 어디든지 따라가리라고 한다면 부디 이 공양을 받아주십시오.

그대는 온갖 악견(惡見)에 빠져 있으며 양 극단과 중도의 바른 인식을 얻지 못하였습니다. 그대는 여덟 가지 불행한 운명[64]을 타고났으며 행복으로 나아가는 도리를 얻지 못하였습니다. 그대는 번뇌 덩어리이며 청정함을 얻지 못하였습니다.

모든 사람들이 격정을 여의고[65] 나면 그때 비로소 대덕도 격정을 여의겠지요. 그대의 보시는 청정하지 않으니 대덕이시

74

여, 그대에게 보시하는 사람 역시 악도에 빠지겠지요. 그대는 모든 마(魔)와 함께 뒹굴며 번뇌는 그대의 벗입니다. 번뇌의 본질이야말로 그대의 본질입니다.

그대는 모든 사람들에 대하여 원망하는 마음을 가지고 있습니다. 그대는 모든 부처님을 비난하고 모든 불법을 헐뜯으며 승단에 대해서도 믿음을 가지고 있지 못합니다. 결국 그대는 열반에 들지 못하겠지요.

혹시 그대가 이와 같다면 대덕이시여, 부디 이 공양을 받아주십시오.'

세존이시여, 당시 저는 그의 이 같은 말을 듣고 도대체 어떻게 대꾸해야 할지 무슨 말을 해야 할지 눈앞이 캄캄하기만 했습니다. 그리하여 발우고 뭐고 돌아볼 여유도 없이 내쳐 그 자리를 피해 나오려는 순간, 다시 유마가 이렇게 말했습니다.

'대덕 수보리시여, 그렇게 곤혹스러워
마시고 아무쪼록 발우나 가지고 가시지요.
대덕이시여, 어떻게 생각하십니까. 만약에
여래의 신통력에 의해 만들어진 어떤 허
깨비 같은 것이 이러한 말을 했다면 그대
는 과연 지금처럼 곤혹스러워했을까요.'

저는 '그렇지 않다'고 대답했습니다. 그
가 다시 말했습니다.

'대덕 수보리시여, 무엇이든 저 허깨비
와 같은 성질을 가진 것에 대해서는 전혀
곤혹스러워할 필요가 없습니다. 인간의
말이라는 것도 바로 그러한 성질을 가지
고 있어서 이를 꿰뚫어 보는 이는 결코
문자에 집착하지 않음은 물론 그에 대해
조금도 곤혹스러움을 느끼지 않습니다.
문자에는 불변의 실체가 없으며 해탈은
문자와 상관이 없기 때문입니다. 실제로

일체의 법은 문자를 초월한 해탈의 모습 그대로인 것입니다.'

설법이 끝나자 2백 명이나 되는 천자 (天子)들이 그 자리에서 티끌을 여의고 청정무구한 법안[66]을 얻었습니다. 5백 명의 천자들은 진리를 기꺼이 따른다고 하는 앎을 얻었습니다. 한 마디 대꾸도 하지 못한 저는 인사조차 제대로 건넬 수가 없었습니다. 세존이시여, 그러하기에 저는 저 고매하신 분의 문병을 엄두조차 낼 수가 없는 것입니다."

부루나의 설법

세존께서 다시 부루나[67]에게 이르셨다. "부루나여, 그대가 저 유마의 문병을 다녀오지 않겠는가?"

부루나가 여쭈었다.

"세존이시여, 제게는 저 고매하신 분을 문병할 능력이 없으니 문득 다음과 같은 일이 생각나서입니다.

언젠가 제가 큰 숲터에서 갓 비구가 된 이들에게 법을 설하고 있을 때였습니다. 유마가 제게로 오더니 이렇게 말하는 것이었습니다.

'대덕 부루나시여, 정신을 집중하여 저 비구들의 속마음을 잘 관찰한 다음 법을 설하십시오. 보석으로 만든 그릇에 썩은 음식을 채우지 마십시오. 먼저 저들이 바라는 것이 무엇인지를 살피소서. 유리를 수정으로 혼동하지 마십시오.

대덕 부루나시여, 중생의 근기를 살피지도 않고 그릇이 큰 사람을 작은 사람으로 취급하지 마십시오. 상처나지 않은 곳

78

에 상처를 내지 마십시오. 큰길로 가려는 이를 작은 길로 안내하지 마십시오. 큰 바다를 소 발자국 안에 가두어 넣으려고 하지 마십시오. 수미산을 겨자씨 안에 집어 넣으려고 하지 마십시오. 태양빛을 반딧불로 바꾸어 놓지 마십시오. 사자후 소리를 여우 소리로 착각하지 마십시오.

대덕 부루나시여, 저 비구들은 일찍이 대승을 믿고 따랐으나 그 동안 보리심을 잊고 있었을 따름입니다. 대덕이시여, 그들에게 성문승일랑 설하지 마십시오. 성문승은 옳은 것이 아니며 특히 그것은 중생의 근기를 헤아림에 있어 날 때부터 장님인 사람과 전혀 다르지 않습니다.'

그때 유마는 문득 삼매에 들어 저 비구들로 하여금 자신들의 과거 여러 생을 스스로 관찰하도록 하였습니다. 그들은 곧 과거 자신들이 바른 깨달음을 얻고자 5백 부처를 섬기며 많은 선근을 쌓았던 일을 떠올렸습니다. 마침내 보리심을 다시 일으킨 저 비구들은 고매하신 유마의 발에 머리를 조아리고 합장 예배하였습니다. 유마는 그들에게 위없는 완전한 깨달음에서 다시는 멀어지지 않도록 법을 일러주었습니다.

세존이시여, 저는 그때 생각했습니다.

일개 성문승으로서 그 마음이나 의향을 알지도 못하면서 다른 사람들에게 법을 설해서는 안 되겠구나. 성문에게는 다른 사람의 근기를 판단할 능력도 없을 뿐더러 아라한으로서 완전한 깨달음을 얻은 여래처럼 늘 선정에 들어 있을 수도 없기 때문이다.

세존이시여, 그러하기에 저 고매하신

분의 문병을 저는 엄두조차 낼 수가 없는
것입니다."

대가전연의 가르침

세존께서 다시 대가전연[68]에게 이르셨다.
"그대가 저 유마의 병문안을 다녀오지
않겠는가?"
대가전연이 여쭈었다.
"세존이시여, 제게는 저 고매하신 분을
문병할 능력이 없으니 문득 다음과 같은
일이 생각나서입니다.
언젠가 세존께서 비구들에게 교법의 요
점을 말씀해 주신 적이 있었습니다. 그
뒤로 모르는 점을 분명히 해두기 위해 제
가 다시 무상·고·무아·적정 등의 의
미를 부연하여 설명하고 있을 때였습니

다. 유마가 제게로 다가오더니 이렇게 말하는 것이었습니다.

'대가전연이시여, 변화를 수반하는 법, 즉 생을 가져오고 멸을 가져오는 법일랑 설하지 마십시오. 대덕이시여, 참으로 나지 않으니 과거에도 나지 않고 미래에도 나지 않으며, 참으로 멸하지 않으니 과거에도 멸하지 않고 미래에도 멸하지 않는다는 바로 이 말이 무상(無常)의 진정한 의미입니다. 오온은 공하므로 고(苦)란 원래부터 있지 않다는 것이 고에 대한 바른 이해입니다. 아(我)와 무아(無我)는 둘이 아니라는 것이 무아에 대한 바른 이해입니다. 나와 남이 없으면 불에 타는 일이 없고 불에 타지 않는 것에는 적멸함도 없으니 새삼 적멸하지 않는 것, 바로 이것이 적멸의 진정한 의미입니다.'[69]

그의 이 같은 말을 듣고 저 비구들의 마음은 곧 집착을 여의고 번뇌로부터 해탈했습니다. 세존이시여, 그러하기에 저는 저 고매하신 분의 문병을 엄두조차 낼 수가 없는 것입니다."

아나율의 천안

세존께서 다시 아나율[70]에게 이르셨다.
"아나율이여, 그대가 저 유마의 병문안을 다녀오지 않겠는가?"
아나율이 여쭈었다.
"세존이시여, 제게는 저 고매하신 분을 문병할 능력이 없으니 문득 다음과 같은 일이 생각나서입니다.
언젠가 제가 경행[71]중에 있을 때의 일이었습니다. 엄정(嚴淨)이라는 이름의 범천왕이 1만 명의 범천을 이끌고 아름다운 광채를 발하면서 제가 있는 곳으로 다가왔습니다. 그리고는 저의 발에 머리를 조아려 예배한 다음 한쪽으로 가 앉더니 이렇게 묻는 것이었습니다.

'대덕 아나율이시여, 세존께서는 그대를 천안제일(天眼第一)이라고 말하십니다만 그대는 과연 얼마나 멀리 볼 수 있습니까?'

저는 답했습니다.

'벗들이여, 마치 사람들이 흔히 자신의 손바닥을 들여다보듯 나는 저 석가모니 세존의 불국토인 삼천대천세계를 한눈에 훑어봅니다.'

그때 유마가 제게로 다가와 깍듯이 예배를 하고 나서 말하는 것이었습니다.

'대덕 아나율님의 천안은 짐짓 만들어

84

진 것으로서의 특징을 가진 것입니까, 아
닙니까? 혹시 만들어진 것으로서의 특징
을 가진 것이라면 이는 다른 이교도들의
5신통과 다름이 없습니다. 혹시 만들어진
것으로서의 특징을 가진 것이 아니라면
그것은 결국 무위[72]인 셈인데 그것으로
무엇인가를 본다는 것은 있을 수 없는 일
입니다. 대덕께서는 도대체 무엇으로 본
다는 말입니까?'

이에 대해 저는 일언반구도 답변할 수
가 없었습니다.

범천왕도 역시 저 고매하신 분의 말을
듣고 크게 놀라워하더니 그에게 예배를
올리고 나서 다음과 같이 물었습니다.

'이 세상에서 진정한 천안을 지닌 이는
누구입니까?'

유마가 말했습니다.

'여러 부처님이야말로 이 세상에서 진정한 천안을 지닌 분들입니다. 즉 선정에 든 채 모든 불국토를 보면서 정작 아무런 분별심도 내지 않기 때문입니다.'

그의 이 같은 말에 1만 명의 범천들은 곧 위없는 바른 깨달음에 대해 깊은 서원을 세우고 크게 발심하였습니다. 그리고 모두들 저와 유마에게 예를 올린 다음 돌아갔습니다. 당시 저는 아무 말도 할 수가 없었습니다. 세존이시여, 그러하기에 저는 저 고매하신 분의 문병을 엄두조차 낼 수가 없는 것입니다."

우바리의 계율

세존께서 다시 우바리[73]에게 이르셨다.
"우바리여, 그대가 저 유마의 병문안을

다녀오지 않겠는가?"

우바리가 여쭈었다.

"세존이시여, 제게는 저 고매하신 분을 문병할 능력이 없으니 문득 다음과 같은 일이 생각나서입니다.

언젠가 두 비구가 죄를 범한 일이 있었습니다. 차마 부끄러워 세존을 찾아뵙지는 못하고 대신 제게로 와서 말했습니다.

'대덕 우바리시여, 저희 둘은 잘못을 범한 일이 너무도 부끄러워 차마 세존을 찾아뵐 수가 없습니다. 대덕께서는 부디 저희의 불안과 의문을 씻어 주시어 속히 죄로부터 구원해 주시기를 비옵니다.'

세존이시여, 그리하여 저는 그들에게 법을 자세하게 풀이해 주었습니다. 마침 유마가 그곳으로 다가오더니 이렇게 말하는 것이었습니다.

'대덕 우바리시여, 그대는 부디 저 비구들의 잘못을 더 이상 부풀리거나 더럽히지 마시고 그들이 속히 죄책감에서 벗어날 수 있도록 바로 인도해야 합니다.

대덕 우바리시여, 죄는 안에도 없고 밖에도 없으며 안과 밖 이외의 어디에서도 찾아볼 수 없습니다. 왜냐하면 세존의 말씀 가운데, 마음이 오염됨으로써 중생이 오염되고 마음이 청정해짐으로써 중생 또한 청정해진다는 말이 있기 때문입니다. 대덕이시여, 마음은 분명히 안에도 없고 밖에도 없으며 또한 안과 밖 이외의 어느 곳에서도 찾아볼 수가 없습니다. 마음과 마찬가지로 죄 역시 그러합니다. 죄와 마찬가지로 모든 존재 역시 그러해서 결코 진여(眞如)로부터 따로 벗어날 수가 없는 것입니다.

그렇다면 우바리시여, 저 마음의 본성-
물론 그대는 이에 의해 해탈을 이루었겠
지만-이라는 것도 이미 오염되어 있는
것이 아니겠습니까?'

저는 말했습니다.

'그렇지 않습니다.'

다시 유마가 말했습니다.

'대덕 우바리시여, 모든 사람들의 마음
은 바로 그 오염이 없는 상태를 본성으로
삼습니다.

대덕이시여, 분별은 곧 오염이니 분별
이 없고 망상도 없는 것이 마음의 본성입
니다. 뒤바뀐 생각이 곧 오염이니 뒤바뀐
생각이 없는 것이 본성입니다. 자아가 있
다고 잘못 생각하는 것이 오염이니 무아
가 바로 본성입니다.

대덕 우바리시여, 모든 존재는 계속 나

고 멸함으로써 한순간도 멈추어 있는 법이 없으며 허깨비 같고 구름 같으며 번개와 같습니다. 일체의 존재는 물 위에 비친 달이고 거울에 비친 허상과 같으며 마음의 분별에 의해 생겨난 것입니다. 이러한 사실을 꿰뚫는 사람, 바로 그 사람을 일러 계율을 지키는 자라고 말하겠습니다. 이와 같이 바루어진 사람이야말로 계율에 있어 잘 바루어진 사람인 것입니다.'

그때 두 비구가 말했습니다.

'거사님이야말로 뛰어난 지혜의 소유자이십니다. 계율에 관한 한 세존으로부터 일찍이 제1인자로 인정받은 대덕 우바리님조차도 거기에는 훨씬 못 미칩니다.'

두 비구에게 제가 말했습니다.

'그대들은 이분을 단순히 재가인으로 생각해서는 안 됩니다. 왜냐하면 이분의

창한 변설을 가로막을 이

　　　　는 성문이나 보살 가

　　　　없기 때문입니다. 이분의

　　　　같이 찬란합니다.'

사 두 비구의 불안감은 눈 녹듯이

라지고 그 자리에서 위없는 바른 깨달

음에 대해 깊은 서원을 세우고 크게 발

심하였습니다. 그리고 저 고매하신 분께

예배 올리며 '다른 모든 이들도 이 같은

변설이 얻어지이다'라고 발원하였습니다.

세존이시여, 그러하기에 저는 저 고매하

신 분의 문병을 엄두조차 낼 수가 없습

니다."

라후라의 출가

세존께서 다시 라후라[74]에게 이르셨다.

"라후라여, 그대가 저 유마의 병문안
다녀오지 않겠는가?"

라후라가 여쭈었다.

"세존이시여, 제게는 저 고매하신 분을
문병할 능력이 없으니 문득 다음과 같은
일이 생각나서입니다.

언젠가 릿차비족 젊은이들이 무리를 지
어 제가 있는 곳으로 와서 말했습니다.

'대덕 라후라시여, 그대는 세존의 친아
들이십니다. 그리고 전륜왕으로서의 왕위
도 버리고 이렇게 출가하였습니다. 그대
가 얻고자 했던 출가의 이익과 공덕은 과
연 어떤 것입니까?'

저는 곧 도리에 맞는 말로 출가의 공덕
과 이익을 그들에게 설명해 주었는데 그
곳으로 마침 유마가 다가오더니 다음과
같이 말하는 것이었습니다.

'대덕 라후라시여, 출가에 따르는 공덕
과 이익을 그렇게 말해서는 안 됩니다.
왜냐하면 출가에는 정작 아무런 공덕도
없고 이익도 없기 때문입니다. 대덕이시
여, 뭔가 유위[75]의 것을 이루어내는 일이
라면 공덕도 이익도 있겠지요. 하지만 출
가란 어디까지나 무위를 닦는 일입니다.
무위에는 공덕도 없고 이익도 없습니다.

진정한 출가

대덕 라후라시여, 출가란 형상과 상관
이 없으며 형상을 여읜 것입니다. 처음이
라든가 마지막이라는 따위의 양 극단을
보지 않는 것입니다. 그것은 열반을 향한
길이며 현자들이 칭송하는 것이며 성자들
이 좇는 바입니다.

출가란 모든 마를 쳐부수고 오취(五趣)[76]
로부터 해탈하는 길입니다. 다섯 가지 눈[77]
을 맑히고 다섯 가지 기능(五根)을 얻으며
다섯 가지 능력(五力)[78]의 뿌리가 되는 일
입니다. 다른 것을 괴롭히지 않으며 악한
것들과 서로 어울리지 않는 것입니다.

진정한 출가는 이교도들을 순화시키고
분별하는 일을 초월합니다. 애욕의 수렁
을 건너는 다리이며 애착하는 일이 없으
며 내 것이라는 생각, 내가 있다는 생각
에서 벗어나는 일입니다. 집착을 여의고
혼란을 가라앉히며 혼란을 끊는 일입니
다. 나의 마음을 바르게 하고 남의 마음
을 지켜줍니다. 고요한 마음[止]을 가져
다 주며 모든 점에서 어떠한 비난도 듣지
않습니다.

바로 이것을 출가라고 합니다. 만약 어

떤 이가 이와 같이 출가했다면 그야말로 훌륭한 출가라 하겠습니다.

젊은이들이여, 이처럼 훌륭한 법이 있거늘 그대들도 마땅히 출가함이 어떠한가. 부처님께서 세상에 출현하는 것은 결코 흔한 일이 아니며 더구나 그 법문을 들을 수 있는 행운, 즉 인간으로 태어나는 일[79]은 너무도 어려운 일이기 때문입니다.'

그러자 젊은이들이 반문하였습니다.

'거사님, 그러나 일찍이 부처님께서는 부모의 허락이 없으면 출가하지 못한다고 말씀하신 줄로 알고 있습니다.'

다시 유마가 말했습니다.

'젊은이들이여, 위없는 바른 깨달음에 대해 발심하고 힘껏 수행하라. 그것이 곧 그대들의 출가이니 구족계를 받은 것[80]과 조금도 다름이 없으리라.'

그리하여 3천2백 명의 릿차비족 젊은이들은 그 자리에서 위없이 바르고 완전한 깨달음을 얻고자 크게 발심했습니다. 세존이시여, 그러하기에 저는 저 고매하신 분의 문병을 엄두조차 낼 수가 없는 것입니다."

여래의 병환과 아난다의 괴로움

세존께서 다시 아난다[81]에게 이르셨다.
"아난다여, 그대가 저 유마의 병문안을 다녀오지 않겠는가?"

아난다가 여쭈었다.

"세존이시여, 제게는 저 고매하신 분을 문병할 능력이 없으니 문득 다음과 같은 일이 생각나서입니다.

언젠가 세존께서 병환이 났을 때의 일

시면 좋아지리라는 생

고 어떤 바라문의 대

르렀습니다. 마침 유마가

인사를 건네고 나서 이렇게

이었습니다.

'대덕 아난다시여, 이른 아침부터 남의
집 앞에 발우를 들고 웬일이십니까?'

제가 말했습니다.

'세존께서 병환에 계시는데 우유가 필
요해서입니다.'

유마가 말했습니다.

'대덕 아난다시여, 당치도 않습니다. 대
덕이시여, 여래의 몸은 실로 금강과 같이
견고합니다. 일체의 악을 끊어내고 온갖
선으로 뭉쳐 있습니다. 그런데 어떻게 병
환이 일어날 수 있겠으며 고통이란 도대
체 웬말입니까.

대덕 아난다시여, 세존을 욕되게 하는
말씀은 그만두시고 잠자코 이대로 돌아가
십시오. 행여 다른 사람들에게 같은 말을
되풀이하지는 마십시오. 혹시 큰 위덕을
지닌 천자들과 모든 불국토에서 모여든
보살들이 듣지나 않을까 염려스럽습니다.

대덕 아난다시여, 하찮은 선근을 쌓은
전륜왕[82]조차 병이라고는 모르거늘 하물
며 무량한 선근을 지닌 세존께 병환이 있
으시다니 도대체 있을 법이나 한 일입니
까. 전혀 도리에 맞지 않습니다.

대덕이시여, 더 이상 우리를 송구스럽
게 만들지 마시고 이대로 잠자코 돌아가
주십시오. 행여 다른 이교도들이나 수행
자, 유행승(遊行僧), 나형외도(裸形外道), 사
명외도(邪命外道)[83]들이 알아듣지나 않을
까 염려스럽습니다. 그들이 아니, 이 사람

들의 스승은 자신의 병조차 어쩌지 못하
는 주제에 남들의 병까지 참견하려 한다
니 그게 도대체 있을 수 있는 일일까라고
생각할까 두렵습니다. 대덕이시여, 몸을
숨기고 남의 눈에 띄지 않도록 돌아가십
시오. 행여 누군가 눈치채지나 않을까 염
려스럽습니다.

대덕 아난다시여, 여래의 몸이란 곧 법
신(法身)을 가리키니 그것은 음식을 먹고
살찌우는 우리의 몸과 근본적으로 다릅니
다. 여래의 몸은 세간을 초월한 것이어서
우리가 알고 있는 상식을 훌쩍 뛰어넘습
니다. 여래의 몸에는 고통이 없으며 혹시
번뇌가 있다 해도 전혀 성질이 다른 것입
니다. 여래의 몸은 무위로서 모든 작위를
떠나 있습니다. 대덕이시여, 이와 같은 몸
에 병이 있다는 생각은 전혀 이치에 닿지

않습니다. 결코 그럴 리가 없습니다.'

　당시 저는 그 말을 듣고 나는 과연 세존의 말씀을 올바로 듣고, 올바로 이해하고 있었던 것일까라는 의구심과 함께 수치스러움에 휩싸였습니다. 그때, 공중으로부터 어떤 소리가 들려왔습니다.

　'아난다여, 거사가 말한 것은 한치도 틀림이 없다. 오탁악세(五濁惡世)[84]에 출현하신 세존께서 짐짓 중생들과 다름없이 병든 모습을 보이기에 이르신 것은 단지 그들을 제도하기 위한 방편일 뿐이다. 그러므로 아난다여, 부끄러워할 것 없이 원래대로 우유를 얻어 돌아가는 것이 좋으리라.'

　세존이시여, 유마의 물음과 답변은 이와 같이 훌륭했습니다. 세존이시여, 그러하기에 저는 저 고매하신 분의 병문안을 엄두조차 낼 수가 없는 것입니다."

병문안 갈 엄두를 내지 못하고 있던 5
백여 명의 성문들은 일찍이 자신들이 겪
었던 일과 함께 거사에게서 들은 이야기
를 세존에게 모두 고하였다.

제4장 유마의 가르침을 받는 보살들
(菩薩品)

미륵보살의 수기

세존께서 다시 미륵보살[85]에게 이르셨다.

"미륵이여, 그대가 저 유마의 병문안을 다녀오지 않겠는가?"

미륵이 여쭈었다.

"세존이시여, 저는 저 고매하신 분의 병문안을 엄두조차 낼 수가 없습니다. 왜냐하면 문득 이런 일이 생각나서입니다.

언젠가 제가 산투싯타를 비롯하여 도솔
천에 속하는 여러 천신들과 함께 보살대
사(菩薩大士)의 불퇴전의 지위에 대해 법담
을 나누고 있을 때의 일입니다. 유마가 제
게로 오더니 이렇게 말하는 것이었습니다.
　'미륵이시여, 세존께서는 일찍이 앞으로
한 생만 지나면〔一生補處〕 그대 역시 위
없는 바른 깨달음에 이르리라 예언하셨습
니다. 그렇다면 그 한 생이란 도대체 어
떤 생을 가리키는 것일까요. 과거의 생입
니까, 미래의 생입니까, 아니면 현재의 생
입니까? 만약 과거의 생이라면 이미 지나
가 버리고 없습니다. 미래의 생이라면 아
직 도달하지 않았습니다. 현재의 생이라
면 계속 흘러가고 있습니다. 실제로 세존
께서는, 비구들이여, 그대들은 단지 한 찰
나 간에 나고 늙고 죽고 흘러흘러 거듭

태어나는 일을 되풀이한다라고 말씀하셨
기 때문입니다.

혹시 그러한 생과 상관이 없다면 그것
은 결국 궁극의 경지에 들어 있는 일[86])로
서 거기에는 분명 아무런 생도 존재하지
않으며 생이 없으면 예언할 것도 없고 태
어나는 일이 없으니 따라서 깨달음을 구
할 일도 없을 것입니다.

미륵이시여, 일생보처의 일생이란 여성
(如性, 眞如)으로서의 생을 말하는 것입니
까, 아니면 여성으로서의 멸을 말하는 것
입니까? 사실 여성이란 무생무멸(無生無
滅)로서 나지도 않고 멸하지도 않는 것입
니다. 여성은 일체 중생과 일체 법 그리
고 모든 성자들에게 똑같이 깃들여 있습
니다. 미륵이시여, 마찬가지로 그것은 그
대 자신의 여성이기도 합니다.

따라서 정작 그대가 그러한 예언을 받았다면 중생들 모두가 똑같은 예언을 받은 것과 다름이 없습니다. 여성이란 둘이라든가 각기 다르다는 말로 나타낼 수 있는 것이 아니기 때문입니다.

미륵이시여, 그대가 만일 깨달음에 도달한다면 그 순간 모든 중생들도 똑같이 깨달음에 도달하겠지요. 왜냐하면 모든 중생이 밝게 이해하는 것, 그것이 곧 보리이기 때문입니다. 그대가 완전한 열반에 이르게 되면 그 순간 모든 중생들도 똑같이 완전한 열반에 이르겠지요. 왜냐하면 중생들이 완전한 열반에 이르지 않는 한 여래 또한 완전한 열반에 이르는 일은 없기 때문입니다. 아울러 저 일체 중생 모두가 완전한 열반에 이르리라는 것, 열반의 본질을 이미 갖추고 있다는 사실을 여래는 꿰뚫고 있기 때문입니다.
　그러므로 미륵이시여, 그대의 잘못된 설법으로 천신들을 그릇되게 이끄는 일만은 부디 없도록 하소서.

보리에 대하여

　보리(菩提)란 정작 뉘라서 그곳으로 들어가는 것도 아니고 그곳으로부터 나오는 것도 아닙니다. 미륵이시여, 부디 저 천신들로 하여금 보리를 무언가 특별한 것인 양 망상케 하는 일은 삼가하여 주십시오.
　보리란 몸으로 깨닫는 것도 아니고 마음으로 깨닫는 것도 아닙니다. 보리란 모든 상(相)이 적멸한 자리입니다. 보리란 일체의 인식 대상에 얽매이지 않는 것입니다. 보리란 아무런 의지도 일어나지 않는 것, 모든 견해를 끊어내는 것입니다. 보리는 모든 분별을 여의고 움직임과 생각과 마음의 동요로부터 훌쩍 벗어나 있습니다.

보리란 아무런 바람도 품지 않는 것, 일체의 얽매임을 벗어나 집착 없는 상태에 이르는 것입니다. 보리란 진실의 극한[實際]에 머무는 일로서 마음은 물론 그 인식 대상인 법도 없는 까닭에 문자 그대로 불이(不二)이며 허공과 같기 때문에 진실로 평등합니다. 보리는 나지도 않고 멸하지도 않으며 멈추지도 않고 변화하지도 않는 무위 그 자체입니다.

보리란 모든 사람들의 마음과 행동과 의지를 꿰뚫는 것이지만 결코 인식의 장(場)인 십이처를 그 문으로 삼지는 않습니다. 보리란 또 다른 생을 유인하는 번뇌 및 일체의 습관적인 오류[習氣]를 벗어나 있기 때문에 불순물이 전혀 뒤섞여 있지 않은 것입니다. 보리란 처(處)와 비처(非處)[87]를 떠나 있기 때문에 장소와 방위와는 상관이 없습니다.

보리란 결코 무엇이 일어나는 것도 아니고 여성(如性) 안에 존재하는 것도 아닙니다. 보리는 단지 하나의 명칭일 뿐이며 모든 명칭은 실제와 무관합니다. 보리는 취할 것도 버릴 것도 아니기에 생각의 물결이 일어나지 않습니다. 보리란 아무런 혼란도 없고 청정하며 밝게 빛나는 것으로서 원래 깨끗합니다. 보리에는 인식이라는 것도 없고 아무런 대상도 갖지 않습니다.

보리란 모든 존재의 평등성을 이해하는 일이기에 거기에는 아무런 차별도 존재하지 않습니다. 비유로써 말할 수 없는 것이기에 절대적입니다. 극히 이해하기 어려운 것이기에 미묘하다고 말합니다.

보리란 허공과 같은 성질의 것이기에 어디에든 없는 곳이 없습니다. 그것은 몸에 의해서든 마음에 의해서든 깨달아 얻을 수 있는 것이 아닙니다. 왜냐하면 몸은 단지 풀이나 나무나 돌담이나 도로나 그림자 같은 것에 지나지 않으며 마음은 정작 비물질적인 것이고 모양과 근거가 없는 것이며 내보일 만한 대상이 없는 것이기 때문입니다.'

세존이시여, 그의 이 같은 말에 당시 무리 가운데 있던 2백 명의 천신들이 그 자리에서 제법은 불생(不生)이라는 확신〔無生法忍〕을 얻었습니다. 저는 아무런 대꾸도 할 수가 없었습니다. 세존이시여, 그러하기에 저는 저 고매하신 분의 병문안을 엄두조차 낼 수가 없는 것입니다."

광엄의 보리좌

세존께서 다시 릿차비족 청년인 광엄[88]
에게 이르셨다.

"광엄이여, 그대가 저 유마의 병문안을
다녀오지 않겠는가?"

광엄이 여쭈었다.

"세존이시여, 저는 저 고매하신 분의
병문안을 엄두조차 낼 수가 없으니 문득
다음과 같은 일이 생각나서입니다.

언젠가 제가 바이샬리의 성문을 막 나
서고 있을 때의 일이었습니다. 마침 성
안으로 들어오고 있던 유마거사를 만났습
니다. 인사를 건네오는 그에게 제가 물었
습니다.

'어디에서 오는 길입니까?'

거사가 말했습니다.

'보리좌[89]에서 옵니다.'

제가 다시 보리좌의 의미를 묻자 그는 말했습니다.

'선남자여, 보리좌는 사람들의 작위(作爲)에 의한 헛된 것이 아닌 까닭에 정직한 마음을 좌(座)로 삼습니다. 그것은 이루어진 행위를 완성으로 인도하는 까닭에 실천을 좌로 삼습니다. 다른 무엇보다도 뛰어난 깨달음인 까닭에 깊은 결심을 좌로 삼습니다. 결코 잊혀질 수 없는 까닭에 보리심(菩提心)을 좌로 삼습니다.

그것은 보답을 바라지 않기 때문에 사람들에게 그냥 베푸는 것을 좌로 삼으며 원력을 이루어주기 때문에 계를 좌로 삼습니다. 어떤 사람에 대해서도 미워하는 마음이 없기 때문에 인내를 좌로 삼으며 불퇴전인 까닭에 노력 정진을 좌로 삼습니다. 그 마음은 주위에 대하여 유연하게 움직이는 까닭에 선정을 좌로 삼으며 바로 눈앞에서 밝게 보는 까닭에 반야의 지혜를 좌로 삼습니다.

그것은 모든 사람들에 대하여 평등하기 때문에 자(慈)로써 좌를 삼고, 온갖 박해를 견뎌내기 때문에 비(悲)로써 좌를 삼으며, 법에 의한 환희를 희구하는 까닭에 기쁨을 좌로 삼고, 애착과 증오를 벗어난 까닭에 치우치지 않는 마음을 좌로 삼습니다.

그것은 육신통을 갖춘 까닭에 신통력을 좌로 삼고 분별이 없는 까닭에 해탈을 좌로 삼습니다. 사람들을 성숙케 하는 까닭에 방편을 좌로 삼고 모든 사람들을 섭수하는 까닭에 사섭법[90)]을 좌로 삼습니다. 그것은 진지한 행위를 수반하는 까닭에 설법을 많이 듣는 일을 좌로 삼고 이치에 맞게 관찰하는 까닭에 깊은 통찰력을 좌로 삼습니다.

그것은 유위[91)]와 무위를 벗어난 까닭에 보리분법(菩提分法)[92)]을 좌로 삼고 세간을 일체 속이지 않는 까닭에 네 가지 거룩한 진리를 좌로 삼습니다. 그것은 무명을 비롯하여 늙음과 죽음에 이르기까지 번뇌의 유출이 전혀 없는 까닭에 십이연기(十二緣起)[93)]를 좌로 삼습니다. 보리좌는 있는 그대로의 진실을 온전하게 깨닫는 까닭에 온갖 번뇌를 잠재우는 것으로 좌를 삼습니다.

일체 중생은 자성이 없는 까닭에 일체 중생을 좌로 삼습니다. 그것은 일체 법이

공하다는 사실을 알고 있는 까닭에 일체
법을 좌로 삼고, 어떠한 마(魔)와 마주쳐
도 동요하지 않는 까닭에 모든 마를 쳐부
수는 것으로 좌를 삼습니다.

　그것은 삼계 가운데 태어나는 일을 벗
어난 까닭에 삼계를 좌로 삼고, 많은 사
람 앞에서 법을 설할 때에도 아무런 두려
움이 없는 까닭에 사자후로 좌를 삼습니
다. 그것은 어떤 점에서도 비난받을 일이
없기 때문에 열 가지 능력과 두려움 없음
과 부처님에게만 있는 고유한 특징[94]을
좌로 삼습니다. 그것은 번뇌가 남아 있지
않은 까닭에 세 가지 앎[95]을 좌로 삼고
일체지(一切知)를 완성했기 때문에 한 생
각에 모든 것을 남김없이 이해하는 것으
로 좌를 삼습니다.

　선남자여, 무릇 보살이 이와 같이 바라

밀다를 갖추고 사람들의 근기를 길러주며 바른 법을 획득하고 선근을 지니고 있는 한 그 일거수일투족은 모두 보리좌에 기인하고 일체의 불법으로부터 기인하며 불법 가운데 온전히 자리하고 있는 것입니다.'

세존이시여, 그의 이 같은 말에 5백 명의 천신과 중생들이 보리에 대해 그 자리에서 발심하였습니다. 그때 저는 아무런 대꾸를 할 수가 없었습니다. 세존이시여, 그러하기에 저는 저 고매하신 분의 병문안을 엄두조차 낼 수가 없는 것입니다."

지세 보살과 마왕

세존께서 다시 지세보살[96]에게 이르셨다. "그대가 저 유마의 병문안을 다녀오지 않겠는가?"

지세보살이 여쭈었다.

"세존이시여, 저는 저 고매하신 분의
병문안을 엄두조차 낼 수가 없으니 문득
다음과 같은 일이 생각나서입니다.

언젠가 제가 집에 있을 때의 일이었습
니다. 마왕 파순(波旬)이 제석천으로 위장
하고 2천 명의 천녀와 함께 풍악을 울리
고 노래를 부르며 제 앞에 나타났습니다.
그리고는 머리를 조아려 제게 인사를 하
더니 모두들 한켠으로 가 자리에 앉는 것
이었습니다.

당시 저는 그가 틀림없이 제석천이라
생각하고 이렇게 말했습니다.

'제석천이시여, 잘 오셨습니다. 하지만
욕계에 머무르며 온갖 환희에 둘러싸여
있더라도 부디 과욕은 삼가시기를. 이 몸
과 생명과 재물 등에 가리워져 있는 견고

116

한 본질을 꿰뚫어 보아 일체의 욕망은 무
상하다는 사실을 거듭 다짐하십시오.'

그가 제게 말했습니다.

'고매하신 분이시여, 이 여인들을 모두
받아주십시오. 그대에게는 시녀들이 필요
하시리라 생각됩니다.'

제가 말했습니다.

'제석천이시여, 사문이며 석가모니의 제
자인 저에게 그 같은 배려는 당치 않습니
다. 여인들이라니요. 제게는 전혀 어울리
지 않는 일입니다.'

유마와 천녀(天女)

그때 마침 유마가 나타나 제게 이렇게
말했습니다.

'그를 믿지 마십시오. 그는 사실 마왕 파

순으로서 그대를 시험해 보려고 온 것입니다. 그가 제석천이라니 말도 안 됩니다.'

그런 다음 유마는 마왕에게 말했습니다.
'마왕이여, 저 여인들은 아무래도 사문이며 석가모니의 제자인 분에게는 어울리지 않을 듯싶으니 내게 주시구려.'

그러자 마왕 파순은 유마가 자신을 조롱하고 있음을 알고 두려우면서도 불쾌해져서 몸을 숨기고자 하였습니다. 하지만 자신이 가지고 있는 신통력을 모두 동원해도 웬일인지 몸을 숨길 수가 없었습니다. 그때 공중으로부터 한 소리가 들려왔습니다.

'마왕 파순이여, 여인들을 모두 그 고매하신 분에게 맡기거라. 그래야만 그대의 천궁으로 돌아갈 수 있으리라.'

마왕은 곧 두려움에 떨면서 내키지 않는

마음으로 여인들을 유마에게 맡겼습니다.

여인들을 모두 받아들이고 난 다음 유마는 그들에게 다음과 같이 말했습니다.

'그대들은 이제 마왕의 곁을 떠나 내게로 왔으니 부디 위없는 바른 깨달음에 대해 발심하소서.'

그리고 깨달음을 향해 점차 근기가 무르익어가도록 적절한 설법을 일러주자 얼마 안 있어 그들은 모두 크게 발심하였습니다.

그는 다시 말했습니다.

'그대들이 이렇게 진정으로 발심하였으니 이제부터는 법의 즐거움을 마음껏 누리십시오. 하지만 다섯 가지 욕망[97]만은 부디 삼가시기를.'

그러자 여인들이 그에게 물었습니다.

'법의 즐거움을 누린다는 말은 도대체

무슨 뜻입니까?'

이에 대해 그는 다음과 같이 말했습니다.

법(法)의 즐거움

'부처님을 향해 변함없는 믿음을 바치는 즐거움, 설법 듣기를 기원하는 즐거움, 승단에 봉사하는 즐거움, 교만하지 않고 스승을 섬기는 즐거움이 바로 모든 보살이 누리기를 원하는 법의 즐거움입니다.

삼계로부터 훌쩍 벗어나는 즐거움, 오욕의 대상에 몸이 얽매이지 않는 즐거움, 오온을 마치 사형집행인처럼 생각하는 즐거움, 육계(六界)를 마치 독사인 듯 여기는 즐거움, 십이처를 텅 빈 마을[98]처럼 공허하게 생각하는 즐거움이 바로 모든 보살이 누리기를 원하는 법의 즐거움입니다.

깨닫고자 하는 마음을 간직하는 즐거움,
사람들에게 이로움을 베풀어 주는 즐거움,
널리 보시하고 나누어 주는 즐거움, 한치
도 계율을 소홀히 하지 않는 즐거움, 인내
하여 자신을 곧게 바루는 즐거움, 정진하
여 선(善)을 완성하는 즐거움, 선정을 닦
아 법을 향수하는 즐거움, 지혜를 닦아 번
뇌가 스러지는 즐거움, 깨달음이 커가는
일에 대한 즐거움, 마를 쳐부수는 즐거움,
온갖 번뇌를 깨뜨리는 즐거움, 불국토를
청정하게 하는 즐거움이 바로 모든 보살
이 누리기를 원하는 법의 즐거움입니다.

상호[99]를 완성하고 일체의 선근을 쌓는
즐거움, 심오한 법을 듣고 모든 두려움을
여의는 즐거움, 세 가지 해탈문[100]을 환히
아는 즐거움, 열반을 목표로 하는 즐거움,
보리좌를 장식하는 즐거움, 때가 오지 않

으면 짐짓 열반을 사양하는 즐거움이 바로 모든 보살이 누리기를 원하는 법의 즐거움입니다.

　같은 부류의 사람들에게 가까이 다가서는 즐거움, 자신과 다른 입장에 놓인 사람에게 미움이나 노여움을 품지 않는 즐거움, 좋은 벗을 사귀는 즐거움, 나쁜 친구의 악행을 고쳐 주는 즐거움, 법을 흠모하여 큰 기쁨을 얻는 즐거움, 방편에 능하여 사람들의 마음을 감싸안는 즐거움 그리고 깨달음의 길을 배우는 가운데 쉽사리 방종에 빠지지 않는 즐거움, 이것이 바로 모든 보살이 누리기를 원하는 법의 즐거움인 것입니다.'

　그때 마왕 파순이 여인들에게 말했습니다.

　'자, 이제 우리의 천궁으로 돌아가 볼까.'

　그러자 여인들이 말했습니다.

'그대가 이미 우리들을 거사님에게 맡
긴 이상 이제부터 우리는 법의 즐거움만
을 한껏 누리기 바라나이다. 다섯 가지
욕망은 더 이상 원치 않습니다.'

마왕이 유마에게 말했습니다.

'진정한 보살이라면 자신이 가진 모든
것을 미련 없이 베푸는 것이 당연한 일인
줄로 알고 있습니다. 어떻습니까? 저 여
인들을 제가 데리고 가도 괜찮겠습니까?'

유마가 말했습니다.

'파순이여, 나는 이미 되돌려주었습니
다. 그러니 저 여인들을 모두 데리고 가
시오. 그리하여 마침내 다른 중생들의 법
에 대한 기원까지 빠짐없이 만족시켜 주
도록 하시오.'

그러자 여인들이 유마에게 예를 올리며
이렇게 애원했습니다.

'거사님이시여, 저희에게 마왕의 궁으로
다시 돌아가라시니 그곳에서 어떻게 살라
는 말씀이십니까?'

여인들의 애원에 유마는 등불의 비유를
들어 그들을 위로 하였습니다.

무진등의 법문

'여인들이여, 꺼지지 않는 등불〔無盡燈〕이
라는 법문이 있습니다. 그것을 따라 배우
고자 노력하십시오.

여인들이여, 하나의 등불로부터 다른
백천 개의 등불에 불을 옮겨 주어도 원래
의 불꽃이 줄어들지 않습니다. 마찬가지
로 한 사람의 보살이 백천의 다른 수많은
사람들을 보살의 길로 인도한다 해도 저
보살의 보리심을 향한 깨달음은 조금도

줄어들지 않음은 물론 오히려 더욱 크게 늘어나게 됩니다. 일체의 선법(善法) 또한 그러하니 남들에게 많이 설해 줄수록 선은 그만큼 증대됩니다. 이것이 바로 무진등이라는 이름의 법문인 것입니다.

그대들이 저 마왕의 천궁에 돌아가게 되면 부디 그곳의 수많은 천신과 천녀들로 하여금 보리의 마음을 품도록 이끌어 주십시오. 그것은 곧 여래의 은혜에 보답하는 일임은 물론 모든 중생들을 참 삶으로 인도하는 일이기도 합니다.'

여인들은 곧 유마의 발에 머리 조아려 예를 올린 다음 마왕과 함께 천궁으로 돌아갔습니다. 세존이시여, 유마의 훌륭한 신통력은 바로 이와 같습니다. 그러하기에 저는 저 고매하신 분의 병문안을 엄두조차 낼 수가 없는 것입니다."

수달다의 바른 보시

세존께서 다시 대부호의 아들 수달다[101]
에게 이르셨다.

"수달다여, 그대가 저 유마의 병문안을
다녀오지 않겠는가?"

수달다가 여쭈었다.

"세존이시여, 저는 저 고매하신 분의
병문안을 엄두조차 낼 수가 없으니 문득
다음과 같은 일이 생각나서입니다.

언젠가 제가 아버지의 저택에서 커다란
보시 모임을 열었을 때의 일입니다. 그
자리에 모인 수많은 사문과 바라문, 가난
뱅이, 거지, 고행자, 의지할 곳 없는 이들
을 포함하여 도움을 필요로 하는 모든 사
람들에게 마음껏 보시를 베풀었습니다.
그러한 일은 이레 동안 계속되었고 그 마

126

지막 날 유마가 나타나더니 제게 이렇게 말했습니다.

'대부호의 자제시여, 이러한 보시 모임은 삼가십시오. 그대는 마땅히 법을 보시하는 모임을 열었어야 옳았습니다. 그런데 한갓 재물로만 보시를 베풀다니 웬일입니까?'

제가 물었습니다.

'법을 보시하는 모임이라니 도대체 그것은 무엇을 말하는 것입니까?'

그는 다음과 같이 말했습니다.

'법을 보시하는 모임이란 시작이랄 것도 없고 끝이랄 것도 없이 중생들의 근기를 성숙시키는 일, 그것이 바로 법을 보시하는 모임입니다. 그것은 보리의 모습으로 크나큰 자비(大慈)가 곧바로 이루어지는 것이고, 뛰어난 법의 모양으로 크나

큰 동정심[大悲]이 곧바로 이루어지는 것
이고, 모든 사람들이 즐거워하는 모습으
로 크나큰 기쁨[大喜]이 곧바로 이루어지
는 것이며, 지혜에 속한 것으로서 크나큰
평등심[大捨]이 곧바로 이루어지는 것입
니다.

또한 적정과 조련(調練)을 통하여 보시
바라밀을 곧바로 이루고, 파계한 이를 바
르게 함으로써 지계바라밀을 곧바로 이루
며, 제법이 무아(無我)라는 사실을 알아
인욕바라밀을 곧바로 이루고, 깨달음을
향한 노력에 의해 정진바라밀을 곧바로
이루며, 몸과 마음을 모두 벗어남으로써
선정바라밀을 곧바로 이루고, 일체지자이
신 부처님을 앎으로써 지혜바라밀을 곧바
로 이루는 일입니다.

법을 보시하는 모임이란 곧 모든 중생

128

을 성숙케 함으로써 공성(空性)이 무엇인지 곧바로 깨우쳐주고 유위법을 정화함으로써 무상(無相)이 무엇인지 곧바로 깨우쳐주고 생각대로 생을 선택할 수 있다는 사실을 보여줌으로써 무원(無願)[102]이 무엇인지 곧바로 깨우쳐주는 일입니다.

법을 보시하는 모임이란 곧 바른 법을 잘 수호함으로써 곧바로 강력한 규범을 세우는 것이고 사섭법[103]을 실천하여 천수를 누리도록 하며, 모든 사람들의 노비와 제자가 되어 일체의 아만을 벗어나도록 하고 사소한 것들로부터 중요한 본질을 찾아냄으로써 곧바로 이 몸과 생명과 재물을 얻도록 하며, 여섯 가지를 염원함[104]으로써 곧바로 올바른 기억[正念]을 가지게 하고 환희로운 법에 의하여 곧바로 정직한 마음을 갖도록 이끄는 일입니다.

바르게 노력하는 것에 의해 곧바로 청정한 삶을 누리게 되고, 믿음과 즐거움을 중요시함으로써 곧바로 성자를 섬기는 길로 나아가게 되며, 성자가 아닌 사람이라도 얕보지 않음으로써 곧바로 깊은 통찰력을 완성하게 되고, 출가와 동시에 거룩한 서원을 다짐하게 되며, 굳센 노력에 의해 곧바로 배운 것을 두루 꿰뚫게 되고, 번뇌 없는[105] 법을 터득함에 따라 곧바로 숲터에 머무는 이와 견줄 수 있게 되며, 부처님의 지혜에 도달함에 따라 곧바로 나무 아래에서 좌선하는 이와 나란히 되고, 모든 사람들을 번뇌로부터 해탈케 하는 행에 의해 곧바로 요가행자의 지위에 오르게 되는 것입니다.

상호를 갖추고 불국토를 장식하며 사람들을 성숙케 함으로써 곧바로 깨달음의 바탕이 되는 복덕을 이룩하게 되고, 모든 사람들의 생각과 행동을 고려하여 각기 적절하게 법을 설함으로써 곧바로 앎이라는 바탕을 이룩하게 되며, 일체의 법 가운데에는 정작 취할 것도 버릴 것도 없다는 깊은 도리를 깨달음으로써 지혜라는 바탕을 이룩하게 되고, 모든 번뇌와 장애와 삿됨을 떨쳐냄으로써 곧바로 일체의 선근이라는 바탕을 이룩하게 되는 것입니다.

일체지를 알고 선행을 쌓음으로써 깨달음으로 나아가는 적절한 길을 곧바로 터득하게 됩니다. 선남자시여, 이 모두가 바로 법을 보시하는 모임인 것입니다. 이와 같은 모임을 주재하는 보살이야말로 참으로 보시를 베푸는 이요, 최상의 보시를 베푸는 이이며, 신과 인간들의 공양을 받아 마땅한 분인 것입니다.'

세존이시여, 거사의 이 같은 말을 듣고 무리 가운데에 있는 2백 명의 바라문이 그 자리에서 위없는 바른 깨달음에 대해 크게 발심했습니다.

저 역시 마음이 홀가분해지면서 뜨거운 감동이 벅차올라 저 고매하신 분의 발에 머리 조아리려 진심으로 예를 올렸습니다. 그리고 목에 두르고 있던 값비싼 진주 목걸이를 풀어 받아주기를 청하였건만 그분은 거듭 그것을 거절하였습니다. 저는 부디 이것을 받아서 누구에게든 다시 베풀어주십사고 거듭 간청하였습니다. 그러자 비로소 그분은 목걸이를 받더니 그 자리에서 두 줄을 내는 것이었습니다. 그중 하나는 그 모임에 모여든 모든 사람들로부터 천대를 받고 있던 가난뱅이들에게 나누어 주었습니다. 다른 하나는 난승(難

勝)여래에게 바쳤습니다.

그리고 나서 훌륭한 신통력으로 그곳의 모든 사람들에게 양염(陽炎)이라는 불국토와 그곳의 주재자인 난승여래의 모습을 직접 보여 주었습니다. 그때 사람들은 진주 목걸이가 난승여래의 머리 위에서 반듯한 벽과 네 기둥으로 이루어진 아름다운 진주 누각의 형태로 서 있는 광경을 똑똑히 볼 수 있었습니다.

신통력을 모두 보여 주고 난 다음 그분은 말했습니다.

'시주로써 보시를 베푸는 사람은 그 대상이 누구든 반드시 여래에게 직접 보시를 올린다는 생각으로 실천해야 합니다. 마찬가지로 길거리의 모든 거지들에 대해서도 똑같이 복전(福田)[106]이라 생각하고 나중에 좋은 과보를 받으리라는 기대와는 상관없이 자비로운 마음으로 보시를 베푼다면 이러한 사람이야말로 완벽하게 법을 보시하는 사람이라고 말할 수 있을 것입니다.'

그의 신통력과 설법에 감동한 가난한 이들은 그 자리에서 위없는 바른 깨달음에 대해 크게 발심했습니다. 세존이시여, 그러하기에 저는 저 고매하신 분의 병문안을 엄두조차 낼 수가 없는 것입니다."

여러 보살들은 이와 같이 유마와 자신들 사이에 있었던 일들을 하나하나 여쭈면서 한사코 병문안 가기를 주저하였다.

제5장 문수보살의 병문안
(文殊師利問疾品)

유마를 찾아간 문수보살

세존께서 다시 문수[107]에게 이르셨다.

"문수여, 그대가 유마의 병문안을 다녀
오지 않겠는가?"

문수가 여쭈었다.

"세존이시여, 유마는 실로 감당하기 어
려운 인물로서 특히 미묘한 이치를 말로
풀어내는 뛰어난 재주를 가지고 있습니

다. 거꾸로든 바로든 항상 도리에 맞게 대화를 이끌어가는 까닭에 그를 논파할 수 있는 사람은 아무도 없습니다. 게다가 어떤 경우에 놓이더라도 좀처럼 화를 내지 않는 뛰어난 지혜의 소유자로서 보살이 해야 할 바를 모두 완수하였으며 마침내 모든 불보살님이 지닌 본질에 도달하기에 이르렀습니다.

모든 마의 본거지를 보기 좋게 쳐부수고 자유자재로 신통력을 즐기며 방편과 지혜에 있어 더없이 뛰어난 기량을 지니고 있습니다. 둘이 아니며 순수 그 자체인 법계(法界)라는 이름의 최고 경지에 이르러 오직 하나의 상(相)으로만 장식되어 있는 그곳의 광경을 무량한 상으로 장식되어 있는 듯한 자신의 말재주로 교묘하게 설명해 주기도 합니다. 서로 다른 중

생들의 근기를 살펴 나름대로 그것을 북
돋아주기도 하고 교묘한 방편을 잘 알아
차리며 질문에 대하여 똑 부러지게 답변
해 줍니다.

행여 어수룩한 갑옷을 입고 그와 맞서
려다가는 큰코다치기 십상입니다. 하지만
부처님께서 당연히 힘이 되어주실 터이니
제 힘껏 그를 문병하고 법담을 나누어보
고자 합니다."

그 자리에 모여 있던 보살과 성문을 비
롯한 제석천과 범천과 사천왕과 천신과
천녀들은 곧 이와 같이 생각했다.

'바야흐로 저 고매하신 분과 문수보살
이 만나 이야기를 나눈다면 실로 엄청난
법담이 쏟아질 것이 틀림없으리라.'

그리하여 8천의 보살, 5백의 성문, 제석
천, 범천, 사천왕, 수천 수백의 천신들은

법을 듣고자 하는 일념으로 문수의 뒤를 좇았으며 행렬의 맨 앞에 선 문수는 바이살리 시내를 향해 천천히 발걸음을 옮겨놓았다.

그 무렵 유마는 이런 생각을 하고 있었다. '문수보살이 많은 사람들과 함께 이곳으로 오고 있구나. 그렇다면 신통력으로 내가 있는 이 방을 텅 비워놓아 볼까.'

그가 신통력으로 방안을 말끔히 치우자, 그곳에는 거사가 병을 가장하고 누워 있던 침상 외에 그를 시중들고 있던 사람을 비롯하여 탁자와 의자와 방석까지 모두 눈 앞에서 흔적 없이 사라지고 말았다.

많은 사람들과 함께 유마의 저택에 도착한 문수는 곧 거사를 문병하기 위해 그의 방안으로 들어섰다. 하지만 방안에는 웬일인지 오직 거사가 누워 있는 침상 외

138

에는 시중드는 사람도 탁자나 의자, 방석
까지도 그림자조차 보이지 않았다.

문수와 유마의 대화

그때 유마가 문수보살을 향해 이렇게
말했다.

"문수보살이시여, 잘 오셨습니다. 정말
로 잘 오셨습니다. 전혀 오신 바가 없이
이렇게 오셨군요. 전혀 만난 바도 들은
바도 없이 이렇게 만나게 되었군요."

문수가 답했다.

"그대의 말씀대로입니다. 온 바가 없다
면 나중에 다시 돌아갈 일도 없겠지요.
이미 돌아갔다면 새삼 다시 올 일도 없겠
지요. 왜냐하면 다시 오지 않는 것은 간
다는 것이 무엇인지도 모르고 이미 가고

없는 것은 오는 것이 무엇인지도 모르며 이미 두 번씩이나 본 것은 다시 볼 일이 없기 때문입니다.

고매하신 분이시여, 몸이 아프시다니 좀 견딜 만하십니까? 기력은 있으십니까, 병세는 차도가 있으십니까, 많이 불편하지는 않으십니까, 더하지는 않으십니까? 세존께서도 혹시 고통이 크지는 않은지 예사로운 병인지 아니면 심각한 병인지 거동은 자유스러운지 기력이 좀 나아졌는지 힘이 달리지 않는지 기분이 좋은지 나쁜지 편안하게 지내고 있는지 여간 궁금해 하지 않으십니다.

그대가 아픈 원인은 무엇이며 언제부터 아프기 시작했습니까? 그 상태는 어떠하며 언제쯤이면 병이 낫겠습니까?"

유마가 답했다.

"이 세상에 어리석음이 남아 있는 한 그리고 존재에 대한 집착이 남아 있는 한 제 아픔은 앞으로도 계속될 것입니다. 모든 중생들에게 아픔이 남아 있는 한 제 아픔 역시 앞으로 계속될 것입니다. 혹시 모든 사람들이 병고에서 벗어나게 되면 그때 비로소 제 병도 씻은 듯이 낫겠지요.

문수보살이시여, 보살이 기꺼이 윤회 가운데 뛰어든 것은 오직 중생을 위해서이며 제가 아픈 것도 사실은 저 윤회가 원인입니다. 따라서 모든 사람들이 병고에서 벗어나게 되면 비로소 보살의 병도 씻은 듯이 낫겠지요.

비유를 들자면 어떤 부잣집 외아들이 병으로 눕자 그 부모들도 크게 상심한 나머지 덩달아 병으로 눕게 되었다는 이야기와 같습니다. 외아들의 병이 낫지 않는 한 그 부모의 병도 낫지 않을 것이 뻔합니다. 문수보살이시여, 중생에 대한 보살의 사랑도 꼭 이와 같기 때문에 중생들의 아픔이 낫지 않는 한 보살의 아픔도 나을 리가 없으며 중생들의 아픔이 나을 때 보살의 아픔도 따라 낫게 되는 것입니다.

문수보살이시여, 제가 아픈 원인이 어디에 있느냐고 물으셨지요? 보살의 아픔은 바로 대자비가 그 원인입니다."

모든 것은 공(空)하다

문수가 물었다.

"거사시여, 그대의 집이 이렇게 텅 비어 있는데 가족은 모두 어디로 갔습니까?"

유마가 답했다.

"문수보살이시여, 불국토는 원래 텅 비

어 있습니다."

"어떻게 해서 비어 있습니까?"

"공 그 자체의 성품〔空性〕에 의해 비어 있습니다."

"공 그 자체인데 무엇이 다시 비어 있다는 말입니까?"

"인식의 대상이 공 그 자체로서 비어 있다는 말입니다."

"공 그 자체도 인식의 대상이 될 수 있습니까?"

"물론이지요. 하지만 인식 행위 역시 공하며 따라서 공 자체가 공 그 자체로 인식되는 경우는 있을 수 없습니다."

"공 그 자체는 어디에서 구할 수 있습니까?"

"문수보살이시여, 공성은 예순두 가지 그릇된 주장[108]으로부터 구할 수 있습니다."

"예순두 가지 그릇된 주장은 어디에서 구할 수 있습니까?"

"여래의 해탈 속에서 구할 수 있습니다."

"여래의 해탈은 어디에서 구할 수 있습니까?"

"일체 중생의 마음이 처음으로 작용하여 나오는 데에서 구할 수 있습니다.

문수보살이시여, 그대는 또 나의 가족들이 모두 어디로 갔느냐고 물었습니다만 사실 모든 마(魔)와 외도들이야말로 나의 진정한 가족들입니다. 왜냐하면 마만큼 윤회를 반기는 이도 드물지만 보살 또한 그것을 마다하지 않고 가족처럼 가까이하기 때문입니다. 또한 온갖 외도만큼 그릇된 주장을 반기는 이들도 드물지만 보살 역시 그것으로부터 구태여 벗어나려 하지 않기 때문입니다. 그러기에 일체의 마와 외도야

144

말로 진정한 나의 가족인 것입니다."

보살의 문병

문수가 물었다.

"거사시여, 그대의 병은 어떤 것입니까?"

유마가 대답했다.

"모양도 없고 볼 수도 없습니다."

"그것은 몸에서 생긴 것입니까, 마음에서 생긴 것입니까?"

"몸을 벗어났기에 몸에서 생긴 것이라고 말할 수 없습니다. 마음을 벗어났기에 마음에서 생긴 것이라고도 말할 수 없습니다."

"이 몸은 흙과 물과 불과 바람의 네 가지 요소로 이루어져 있습니다. 그 가운데 어느 것에 탈이 난 것입니까?"

"중생이라는 요소 모두에게 탈이 있으
니 결국 그것이 제 병의 원인인 셈입니다.
문수보살이시여, 그렇다면 보살이 보살
을 문병할 때는 어떻게 하는 것이 마땅하
겠습니까?"

문수가 답했다.

"이 몸의 무상함을 들어 문병해야 합니
다. 하지만 이 몸을 혐오하고 세속을 멀
리하라는 투의 말로 위로를 해서는 곤란
합니다. 이 몸의 고통을 들어 문병해야
합니다. 하지만 열반만이 평안을 가져다
준다는 투의 말로 위로를 해서는 곤란합
니다.

이 몸에 내[我]가 없다는 점을 들어 문
병해야 합니다. 하지만 사람들의 근기를
성숙하게 하는 일에는 기꺼이 나서야 한

다는 점을 강조하지 않으면 안 됩니다. 이 몸의 공적(空寂)함을 들어 문병해야 합니다. 하지만 소승에서 말하는 극단적인 적멸주의(寂滅主義)에 빠져서는 곤란합니다.

지금까지 저지른 악행을 또렷이 상기시키는 것으로 문병해야 합니다. 하지만 단순히 참회로써 그 죄업이 모두 소멸하리라는 투의 말로 위로를 해서는 곤란합니다.

자신이 몸소 병을 앓아봄으로써 다른 사람들의 아픔까지도 측은히 여기고 전생에 겪었던 고통을 상기함으로써 다른 사람들의 이익을 먼저 배려할 줄 알며 스스로 선근을 쌓고 티없이 청정하며 애욕을 끊고 늘 정진함으로써 마침내 모든 병을 치료하는 의왕(醫王)이 되리라는 말로 문병해야 합니다. 보살은 마땅히 다른 보살의 병을 이와 같이 문병해야만 하겠습니다.”

병을 꿰뚫어 봄

문수가 물었다.

"병에 걸린 보살은 과연 어떻게 자신의 마음을 살펴야 하겠습니까?"

유마가 대답했다.

"문수보살이시여, 병에 걸린 보살은 마땅히 다음과 같이 자신의 마음을 살펴야 합니다.

사실 병이란 과거 이래 실재와는 거리가 먼 뒤바뀐 업의 작용으로 발생하는 것이며 헛된 분별로 인한 번뇌 때문에 생겨나는 것입니다. 그러므로 최고의 진리에 비추어보면 그러한 병에 의해 고통받는 존재가 실제로 있는지 도대체 인정할 수가 없는 것입니다. 왜냐하면 이 몸은 4대 원소로 이루어져 있고 거기에는 정작 아무런 주재자도 창조자도 존재하지 않기 때문입니다. 최고의 진리에 비추어보면 이 몸은 무아이므로 집착에 의한 헛된 나 이외에 병에 걸릴 만한 요소는 도대체 인정할 수가 없는 것입니다.

그러기에 스스로 집착을 여의고 병의 근본을 바로 인식하라는 말과 같이 나에 대한 집착을 부추기는 관념을 떨쳐버리고 법이라는 생각을 바탕으로 그것을 파악하지 않으면 안 됩니다. 사실 이 몸은 갖가지 법이 모여 이루어진 것으로써 이 몸이 생겨나는 것은 법이 생겨나는 것이요 몸이 멸하는 것은 법이 멸하는 것에 지나지 않습니다. 이들 법은 서로의 존재를 안다거나 일체감을 느낀다거나 하는 일은 없으며 자신이 생겨날 때에도 내가 생겨난다라고 생각하지 않고 멸할 때에

도 내가 멸한다라고 생각하는 법이 없습
니다.

하지만 병에 걸린 보살은 이 같은 법의
실체를 좀더 똑똑하게 깨닫기 위하여 다
시 다음과 같이 생각을 다잡지 않으면 안
됩니다.

설령 내가 앞에서 말한 대로 법을 알고
있다고 해도 이 역시 전도된 생각에 지나
지 않으니 이야말로 큰 병이 아닐 수 없
다. 반드시 그것을 벗어나야만 하며 그렇
게 하기 위해서는 한껏 정진 노력하지 않
으면 안 되리라.

그렇다면 병을 벗어난다는 것은 무엇을
말함일까요? 그것은 내가 있다는 생각과
나의 것이라는 생각으로부터 벗어나는 일
입니다. 다시 말해서 둘로 분별하는 일을
벗어나는 것입니다.

둘로 분별하는 일을 벗어난다는 것은 무엇을 말함일까요? 그것은 안으로도 밖으로도 아무런 움직임이 일어나지 않는 것을 말합니다. 안으로도 밖으로도 아무런 움직임이 일어나지 않는다는 것은 무엇을 말함일까요? 그것은 순수한 평등성에 입각하여 일체의 움직임도 혼란도 흔들림도 보이지 않는 것을 말합니다.

순수한 평등성이란 무엇을 말함일까요? 그것은 자아의 평등성을 바탕으로 열반의 평등성에게까지 이르는 일을 말합니다. 왜냐하면 자아도 열반도 모두가 공하기 때문입니다. 둘 다 공한 이유는 무엇일까요? 다름 아닌 개념에 의해 틀지어져 있기 때문이며 따라서 둘 다 실체로서 완성된 것과는 거리가 멉니다.

평등성을 이와 같이 이해할 때 비로소

보살은 병 자체와 공성을 둘로 분별하지 않게 됩니다. 병이야말로 공성이기 때문입니다.

　병에 의해 고통을 느끼는 경우도 정작 느낌의 대상이 없이 느낀다는 점을 알아야만 합니다. 그리고 느낄 것이 없다는 사실을 알았다는 그 생각마저도 버리지 않으면 안 됩니다. 물론 불법의 이치를 모두 깨닫고 나면 느끼는 자와 느낌의 대상도 모두 사라지게 되겠지요. 하지만 그러한 경우에도 지옥 등의 악취(惡趣)에서 고통받고 있는 일체 중생을 위해 반드시 대자대비한 마음을 일으켜야만 한다는 사실을 명심해야 합니다. 그리하여 그들 역시 마음을 바르게 꿰뚫어 보아 스스로 병에서 벗어나도록 인도해 주어야만 하는 것입니다.

그들에게 법을 일러줄 때에는 어떠한 법도 다시 덧붙이거나 덜어내서는 안 됩니다. 다만 병의 원인을 스스로 깨닫도록 하기 위하여 법을 설해 주어야겠습니다.

병의 원인

그러한 병의 원인은 무엇일까요? 대상을 좇는 것이 원인입니다. 무엇이든 좇는 것이 있는 한 병의 원인은 사라지지 않습니다. 무엇을 좇는 것일까요? 세상 모두가 그 대상입니다.

병의 원인을 알고 있다면 어떻게 실천해야 하겠습니까? 아무것도 좇지 않고 아무것도 보지 말아야 합니다. 보지 않는다는 것은 대상을 좇지 않는다는 말이고 내 안의 주관과 외부의 객관으로부터 훌쩍 벗어난다는 말이니 그러기에 보지 않는다고 말하는 것입니다.

문수보살이시여, 병에 걸린 보살은 모름지기 이와 같이 생·로·병·사를 벗어나기 위해 자신의 마음을 깊이 꿰뚫어 보아야 합니다.

문수보살이시여, 모든 보살이 앓는 병이란 바로 이러한 것일진대 혹시 이와 다르다면 그 기나긴 수행은 아무런 보람도 없겠지요. 적을 무찌르고 나서야 용감한 이라고 불리듯 노·병·사의 고통을 극복하고 나서야 비로소 보살이라는 이름이 부끄럽지 않기 때문입니다.

병에 걸린 보살은 자신의 병이 진실한 것이 아니고 실재하는 것이 아닌 것과 마찬가지로 중생의 병 역시 진실한 것이 아니고 실재하는 것이 아니라는 사실을 꿰

154

뚫어 알아야 합니다. 그와 같이 꿰뚫어
알았을 때 중생에 대한 자비심을 일으킴
에 있어 오직 공덕을 목적으로 삼아서는
곤란합니다. 밖으로부터 우연하게 얽혀드
는 번뇌를 애써 벗어나고 중생을 위해 자
비심을 일으키는 일은 공덕을 목적으로
삼아서는 곤란합니다. 밖으로부터 우연하
게 얽혀드는 번뇌를 애써 벗어나고 중생
을 위해 자비심을 일으키는 일은 공덕을
목적으로 하는 일과 분명히 성격이 다릅
니다. 그 이유는 무엇일까요?

　공덕을 염두에 둔 자비심이라면 보살은
반드시 생사를 거듭하는 일에 금방 싫증
을 느끼겠지요. 하지만 공덕 따위는 안중
에도 없는 자비심이라면 보살은 윤회 가
운데 거듭 태어나는 일을 조금도 힘들어
하지 않습니다.

모름지기 보살이라면 공덕을 염두에 둔다거나 그것을 버릇처럼 지닌 채 이 세상에 다시 태어나지는 않습니다. 결코 그러한 생각에 빠지는 일 없이 생사를 거듭하는 까닭에 이야말로 해탈한 그대로의 태어남이고 해탈한 그대로의 일어남인 것입니다. 해탈한 그대로 태어나기 때문에 중생을 얽어매고 있는 고삐를 술술 풀어줄 수 있는 설법을 능히 행할 수 있습니다.

실제로 세존께서는, 스스로 얽매여 있으면서 남을 고삐로부터 풀어 주는 일은 불가능하다. 먼저 해탈한 다음 남까지 해탈시켜 주는 일은 도리에 맞다라고 말씀하셨습니다. 따라서 보살은 먼저 해탈을 이룬 다음 윤회 가운데 뛰어들어야 비로소 다시 속박당할 염려가 없는 것입니다.

지혜와 방편

그러한 경우 보살에 있어 속박이란 무엇이고 해탈이란 무엇이겠습니까?

적절한 방편을 무시한 채 윤회의 세계로부터 벗어나는 것은 보살에 있어 해탈이 아닌 속박입니다. 그와 반대로 방편을 지닌 채 윤회의 세계로 들어가는 것이 바로 보살의 해탈입니다. 방편 없이 선정과 삼매와 명상 등에 탐닉하는 것은 보살의 속박이고, 방편과 함께 선정 및 삼매의 맛을 즐기는 것은 보살의 해탈입니다. 방편이 뒷받침되지 않는 지혜는 속박이고, 방편이 뒷받침되는 지혜는 해탈입니다. 지혜가 뒷받침되지 않는 방편은 속박이고, 지혜가 뒷받침되는 방편은 해탈입니다.

방편이 뒷받침되지 않는 지혜가 속박이

라는 말은 무슨 의미일까요?

공성과 무상(無相)과 무원(無願) 등의 가르침에 대해서는 관심이 있지만 뛰어난 상호로써 자신의 몸을 꾸미는 일과 불국토를 장엄하는 일과 중생을 성숙케 하는 일에는 정작 아무런 관심도 없는 바로 그것이 방편이 뒷받침되지 않는 지혜이고 속박인 것입니다.

방편이 뒷받침되는 지혜가 해탈이라는 말은 무슨 의미일까요?

뛰어난 상호로써 자신의 몸을 꾸미는 일과 불국토를 장엄하는 일과 중생을 성숙케 하는 일에 관심이 있으며 동시에 공성과 무상과 무원 등의 교의에 대해서 열심히 익히는 바로 그것이 방편이 뒷받침되는 지혜이고 해탈인 것입니다.

지혜가 뒷받침되지 않는 방편이 속박이

라는 말은 무슨 의미일까요?

그릇된 견해를 가지며 번뇌에 시달리며 잠에 젖어 있으며 집착하며 성내며 설령 선근을 쌓더라도 깨달음을 염두에 두지 않는 바로 그것이 지혜가 뒷받침되지 않는 방편이고 속박인 것입니다.

지혜가 뒷받침되는 방편이 해탈이라는 말은 무슨 의미일까요?

그릇된 견해와 번뇌와 수면과 집착과 성냄을 끊고 모든 선근을 깨달음이라는 목적을 위해 회향하며 이러한 일을 조금도 과시하지 않는 바로 그것이 지혜가 뒷받침되는 방편이고 해탈인 것입니다.

병에 걸린 보살은 일체 법에 대하여 반드시 다음과 같이 꿰뚫어 보아야 합니다. 몸도 마음도 병도 모두가 덧없고 고통이며 공이며 무아라고 이해하는 그것이 바로 지혜이다. 몸에 지닌 병을 굳이 피하지 않고 세상에 태어나며 기꺼이 윤회 가운데 뛰어들어 중생들의 이익을 위해 봉사하는 그것이 바로 방편이다. 또한 몸과 마음과 병 가운데 어떤 것이 다른 것보다 더 새롭다거나 더 낡았다고 생각하지 않는 그것이 바로 지혜이다. 몸과 마음과 병이 생기는 것을 꺼리지 않고 적멸 가운데 안주하려 하지 않는 그것이 바로 방편이다.

문수보살이시여, 병에 걸린 보살은 자신의 마음을 반드시 이와 같이 꿰뚫어 보아야 합니다. 하지만 꿰뚫어 알아볼 것이 있다든가 없다든가 하는 데에 마음을 써서는 안 됩니다. 왜냐하면 굳이 꿰뚫어 알아볼 것이 없는 데에 마음을 쓰면 그것은 곧 범부의 짓이기 때문입니다. 반대로 굳이 꿰뚫어 알아볼 것이 있는 데에 마음을 쓰면 그것은 곧 성문의 짓이기 때문입니다. 그러므로 보살은 꿰뚫어 알아보려는 일에도 그렇지 않은 일에도 마음을 쓰지 않아야 합니다. 그것이 바로 보살의 행인 것입니다.

보살의 행(行)

범부의 행도 아니고 성현의 행도 아닌 그것이 바로 보살의 행입니다. 윤회를 거듭하면서도 정작 번뇌를 온전히 여읜 그것이 바로 보살의 행입니다. 열반에 이르렀지만 결코 완전한 열반에 들지 않는 그것이 바로 보살의 행입니다. 네 가지 마[四魔][109]를 가까이하면서도 정작 모든 마의 영역을 초월하는 그것이 바로 보살의 행입니다.

일체지를 구하면서도 적절한 때가 아니면 억지로 구하지 않는 그것이 바로 보살의 행입니다. 네 가지 거룩한 진리에 대한 깨달음을 얻으려 하면서도 적절한 때가 아니면 억지로 깨달으려 하지 않는 그것이 바로 보살의 행입니다. 안으로 향한 바른 사유에 전념하는 가운데 결심한 대로 굳이 윤회의 세계에 태어나는 그것이 바로 보살의 행입니다.

무엇 하나 생겨남이 없다는 사실을 잘 알면서도 굳이 결정적인 깨달음[110]을 선택하지 않는 그것이 바로 보살의 행입니다. 연기법에 능통하면서 결코 일체의 그릇된 견해는 뒤돌아보지 않는 그것이 바로 보살의 행입니다.

사람들로 와자지껄한 장소를 즐겨 찾지만 정작 번뇌와 혼돈을 훌쩍 뛰어넘는 그것이 바로 보살의 행입니다. 세상을 훌쩍 벗어나기를 좋아하지만 결코 몸과 마음을 감추지 않는 그것이 바로 보살의 행입니다. 삼계에 머무르면서도 결코 법계[111]에 치우치지 않는 그것이 바로 보살의 행입니다.

공하다는 이치를 잘 알면서도 덕 쌓는 일을 소홀히 하지 않는 그것이 바로 보살의 행입니다. 무상의 이치를 잘 알면서도 모든 사람들을 해탈시키고자 궁리하는 그것이 바로 보살의 행입니다. 무원의 이치를 잘 알면서도 결심한 대로 굳이 윤회의 세계에 몸을 나타내는 그것이 바로 보살의 행입니다.

애써 짓고자 하지 않으면서도 온갖 선근을 끊임없이 짓는 그것이 바로 보살의 행입니다. 여섯 가지 피안[112]에 이르렀으면서도 정작 모든 사람들의 마음과 행위의 피안에 도달하는 그것이 바로 보살의 행입니다. 여섯 가지 신통력을 지니고도 굳이 번뇌를 떨어내지 않는 그것이 바로 보살의 행입니다. 바른 법을 알면서도 삿된 도를 뒤돌아보지 않는 그것이 바로 보살의 행입니다.

네 가지 무량한 마음을 지니고도 굳이 범천의 나라에 태어나고자 하는 기대를 갖지 않는 그것이 바로 보살의 행입니다. 여섯 가지 사념(思念)[113]에 전념하면서도 결코 번뇌에 시달리지 않는 그것이 바로 보살의 행입니다. 선정과 삼매와 명상을 실천하면서도 결코 삼매와 명상의 힘을 빌려 다시 태어나지 않으려는 그것이 바로 보살의 행입니다.

몸과 감각 기관과 마음과 법에 관하여

바르게 생각[四念處]하면서 굳이 몸과 감각 기관과 마음과 법을 꺼려하지 않는 그것이 바로 보살의 행입니다. 바른 노력[四正勤]에 전념하면서도 결코 선과 악을 분별하지 않는 그것이 바로 보살의 행입니다. 네 가지 기본적인 신통력에 능통하면서도 크게 애쓰지 않고 신통에 자유자재한 그것이 바로 보살의 행입니다. 다섯 가지 기능[五根]을 지니면서 모든 사람들의 근기를 훤히 꿰뚫는 그것이 바로 보살의 행입니다. 다섯 가지 능력[五力]을 지니고도 나아가 여래의 열 가지 능력[十力]을 구하는 그것이 바로 보살의 행입니다. 수행에 필요한 일곱 가지 항목을 모두 이루었으면서도 정작 앎 가운데에 차별이 존재한다는 사실을 잘 아는 그것이 바로 보살의 행입니다. 팔정도를 잘

알면서 결코 삿된 견해를 뒤돌아보지 않
는 그것이 바로 보살의 행입니다.

마음의 고요함[止]과 밝게 꿰뚫어 봄
[觀]이라는 깨달음의 바탕을 모두 마련
하고도 결코 극단적인 적멸주의에 빠지지
않는 그것이 바로 보살의 행입니다.

모든 존재는 생겨남이 없음을 상(相)으
로 한다는 사실을 잘 알고 있으면서도 정
작 뛰어난 상호로써 자신의 몸을 장식하
는 그것이 바로 보살의 행입니다. 성문
및 독각의 모습으로 나타나지만 결코 부
처님과 같은 위엄을 잃지 않는 그것이 바
로 보살의 행입니다.

어떠한 존재도 본래부터 청정하다는 사
실을 순순히 받아들이면서 모든 중생이
원하는 대로 따라 주는 그것이 바로 보살
의 행입니다. 어떠한 불국토에도 종말의

시기와 생성의 시기는 없으며 그 이유가 허공을 본성으로 하기 때문이라는 사실을 잘 알고 있으면서도 정작 온갖 장식으로 꾸며진 불국토의 눈부신 광경을 자세히 보여 주는 그것이 바로 보살의 행입니다."

이 같은 말을 듣고 문수를 뒤따라온 이들 가운데 무려 8천 명이나 되는 천신들이 그 자리에서 위없는 바른 깨달음에 대해 크게 발심하였다.

제6장 불가사의한 해탈법문
(不思議解脱品)

법을 구하다

그때 사리불은 다음과 같이 생각하였다.

방안에 의자 하나 없으니 도대체 저 보살들과 성문들은 어디에 앉으란 말인가.

마침 유마가 사리불의 생각을 꿰뚫어 보고 물었다.

"사리불이여, 법을 구하러 오신 겁니까, 아니면 의자를 구하러 오신 겁니까?"

사리불이 답했다.

"물론 법을 구하러 온 것이지요. 의자 때문이기야 하겠습니까?"

유마가 말했다.

"진정 법을 구하는 이는 자신의 몸 따위는 돌보지 않습니다. 하물며 의자 따위에 마음을 써서야 되겠습니까?

사리불이여, 진정 법을 구하는 이는 겉모양은 물론 감각과 관념과 의지력과 지식(知識)[114]을 구해서는 안 됩니다. 나아가 이들 오온과 십이처와 십팔계를 구해서도 안 됩니다. 법을 구하는 이는 욕계와 색계와 무색계를 구해서도 안 됩니다. 법을 구하는 이는 부처에 집착해서도 안 되고 법이나 승가에 집착해서도 안 됩니다.

법을 구하는 이는 정작 괴로움의 정체를 꿰뚫으려 애쓸 일이 아니며, 그것의 뿌리를 끊어 현실 속에서 열반을 얻으려고 애쓸 일이 아니며, 굳이 도를 닦으려 애쓸 일이 아닙니다. 왜냐하면 법이란 아무런 이익 없는 희론(戲論)과는 상관이 없으며 문자를 벗어나 있기 때문입니다. 괴로움의 정체를 꿰뚫어 알고 그것이 뿌리를 끊어야 하며, 현실 속에서 멸을 이룬 다음 도를 닦아야만 한다라고 거듭 주장하는 것은 진정 법을 구하는 자세가 아니라 아무런 이익이 없는 희론을 구하는 일입니다.

대덕이시여, 법은 원래 적정(寂靜)하며 적정의 궁극입니다. 그런데도 스스로 생과 멸이 있다고 생각하는 이가 있다면 그는 정작 법을 구하지도 못하고 고요함을 구하지도 못하면서 단지 생과 멸에 시달릴 뿐입니다. 사리불이시여, 법은 또한 오

염을 벗어나 그에 물들지 않는 것입니다. 그러한 경우 혹시 조금이라도 법(또는 열반)에 집착이 남아 있다면 그것은 법을 구하는 것이 아니라 탐욕에 물드는 것을 즐기는 일입니다.

법은 결코 어떤 대상도 될 수 없습니다. 법은 소유할 수 있는 것도 아니고 버릴 수 있는 것도 아닙니다. 조금이라도 법을 소유하거나 버리는 이가 있다면 그는 진정 법을 구하는 것이 아니라 단지 무엇을 소유하고 버리는 행위를 즐기는 것에 지나지 않습니다.

법은 알라야[115]가 아닙니다. 알라야를 즐기는 이는 진정 법을 구하는 것이 아니라 알라야를 구하는 것에 지나지 않습니다. 법은 무상(無相)이며 덧없습니다. 상을 따라 지각하는 이는 진정 법을 구하는 것이 아니라 상을 구하는 것에 지나지 않습니다.

법은 함께 머물 수 있는 대상이 아닙니다. 법과 함께 머물려는 이가 있다면 그는 진정 법을 구하는 것이 아니라 법과 머무는 일을 구하는 데 지나지 않습니다. 법은 볼 수도 있고 들을 수도 있으며 판단할 수도 있고 알 수도 있는 대상이 아닙니다. 보고 듣고 판단하고 알려는 이가 있다면 그는 진정 법을 구하는 것이 아닙니다.

사리불이여, 법은 유위도 아니고 무위도 아닙니다. 유위라고 생각하는 이는 진정 법을 구하는 것이 아니라 유위에 휩쓸리는 것에 지나지 않습니다. 사리불이시여, 그러므로 법을 구하는 이라면 새삼 어떠한 법도 따로 구하는 일이 없어야만

하는 것입니다."

유마의 말이 끝나자 5백 명의 천신들은
그 자리에서 법에 대해 눈이 번쩍 뜨이게
되었다.

사자좌의 기적

유마가 다시 문수에게 물었다.

"대덕께서는 일찍이 시방의 무수한 불
국토를 두루 돌아본 적이 있으시지요. 그
렇다면 그 가운데 가장 훌륭하고 온갖 덕
을 갖춘 사자좌는 어느 불국토에서 보았
습니까?"

문수가 답했다.

"이곳에서 동쪽으로 32항하사의 불국토
를 지난 곳에 산당세계(山幢世界)가 있는
데 거기에는 산등왕(山燈王)여래께서 살고

있습니다. 그 여래의 키는 840만 요자나[116]
이고 그 사자좌의 높이는 680만 요자나입
니다. 그곳 보살들의 키는 420만 요자나
이고 그 사자좌의 높이는 340만 요자나입
니다. 거사시여, 다른 어떤 것보다 훌륭하
고 온갖 덕을 갖춘 사자좌를 본 것은 바
로 그곳에서였습니다."

문수의 말이 끝남과 동시에 유마가 마
음을 하나로 모아 신통력을 일으키자 그
들의 눈앞에는 곧 다음과 같은 광경이 벌
어졌다.

저 산당세계의 산등왕여래가 자신의 것
과 똑같은 3만 2천 개의 사자좌를 유마의
방으로 보내온 것이었다. 이들 사자좌의
높이와 넓이와 아름다움은 그곳에 모인
보살이나 성문은 물론이고 제석천과 범천
과 사천왕 가운데 어느 누구도 일찍이 보

174

지 못했던 엄청난 것이었다. 그것이 모두
공중으로부터 유마의 방 안으로 날아들었
건만 3만 2천이나 되는 사자좌 모두 각기
넉넉한 자리를 차지하고도 방안은 여전히
여유가 있는 듯이 보였다. 그렇다고 세상
이 갑자기 변한 것은 아니어서 실제로 바
이살리 성도 이 세상의 4대륙도 조금도
늘어나거나 줄어드는 일 없이 옛모습 그
대로였다.

그때 유마가 문수에게 말했다.

"자, 이제 몸의 크기를 알맞게 늘린 다
음 저 보살들과 함께 사자좌에 올라보시
지요."

그러자 신통력을 가진 보살들은 단번에
몸을 420만 요자나로 늘려 사자좌 위에
쉽사리 올라앉았다. 하지만 이제 갓된 보
살들은 아무리 애를 써봐도 사자좌에 오

를 수가 없었다. 유마는 곧 이들이 5신통
을 얻게끔 깊은 법을 설하였다. 얼마 안
있어 신통력을 얻은 그들 또한 몸을 420
만 요자나로 늘려 비로소 사자좌에 오를
수가 있었다.

문제는 부처님의 제자인 대성문들이었
다. 그들은 여전히 사자좌에 오를 수가
없었던 것이다.

그 중의 하나인 사리불에게 유마가 말
했다.

"자, 이제 대덕께서도 사자좌에 오르시
지요."

사리불이 답했다.

"사자좌의 높이가 너무나 엄청나서 저
로서는 도저히 앉아볼 엄두를 내지 못하
겠습니다."

유마가 말했다.

"사리불이시여, 저 산등왕여래에게 간곡히 예를 드려보시지요. 그러면 아마도 오를 수 있을 겁니다."

대성문들은 곧 산등왕여래에게 간곡히 예를 올렸다. 그리고 비로소 사자좌에 오를 수가 있었다.

사리불이 유마에게 말했다.

"이토록 수많은 높고 큰 사자좌들이 이렇게 비좁은 방안에 들어찼으면서도 여기 바이샬리 성의 거리가 조금도 좁아지지 않은 것은 물론 세상의 여러 마을과 도시와 성읍과 국토와 왕도와 4대주의 모습도 그대로이고 천(天)과 용(龍)과 제석천과 건달바와 아수라와 가루다와 긴나라와 마후라가 등이 사는 곳도 전혀 훼손되지 않았다는 사실에 저는 실로 어안이 벙벙할 따름입니다."

불가사의한 해탈

유마가 말했다.

"대덕이시여, 여래와 보살들에게는, 생각으로 헤아릴 수 없다는 이름의 해탈[不可思議解脫]이 존재합니다. 이 불가사의해탈에 들어 있는 보살은 그처럼 높고 크고 그처럼 거룩하고 장중한 산 중의 왕인 수미산 덩어리를 겨자씨 안에 통째로 집어넣을 수도 있습니다. 물론 겨자씨의 크기가 늘어나는 일도 없고 반대로 수미산의 크기가 줄어드는 일도 없이 말입니다. 심지어 그 산 중의 사천왕에 속하는 여러 신들과 삼십삼천의 천자들조차 자신들이 어디에 들어와 있는지 전혀 알아차리지 못할 정도이지요. 그러한 사실을 알 수 있고 또 볼 수 있는 자는 오직 이 같은

178

신통에 의해 깨달음을 얻을 바탕이 마련
되어 있는 사람들뿐입니다. 대덕이시여,
이러한 일을 가리켜 바로 보살이 불가사
의한 해탈의 경지에 도달하였다고 말하는
것입니다.

대덕이시여, 또한 불가사의해탈에 들어
있는 보살은 저 네 곳의 바닷물을 하나의
털구멍 안에 모두 끌어들일 수가 있습니
다. 하지만 물고기와 거북과 악어와 두꺼
비 같은 물짐승들의 털끝 하나 다치는 일
없으며 또한 용과 야차와 건달바와 아수
라조차도 자신들이 어디에 들어와 있는지
전혀 알아차리지 못합니다. 이와 같은 사
실은 오직 그러한 신통에 의해 깨달음을
얻을 바탕이 마련되어 있는 사람들만이
알 수 있고 볼 수 있을 뿐 다른 생물들에
게 해를 입힌다거나 귀찮게 하는 일은 조

금도 없습니다.

이는 마치 그릇 만드는 이가 물레를 돌리듯이 저 삼천대천세계를 오른손으로 휘저은 다음 항하사와 같이 많은 세상 너머로 그것을 내던지더라도 자신들이 도대체어디로 가는지 어디에서 왔는지조차 그안의 생물들이 알지 못하는 것과 같습니다. 더구나 처음의 자리로 다시 되돌려놓아도 어디에 왔는지 어디로 갔었는지조차그들은 전혀 알아차리지를 못합니다. 이와 같은 사실은 오직 그러한 신통에 의해깨달음을 얻을 바탕이 마련되어 있는 사람들만이 볼 수 있을 뿐입니다.

대덕이시여, 한없이 윤회를 거듭해야만비로소 깨달음에 도달하는 중생도 있지만반대로 짧게 윤회하는 동안에도 쉽사리깨달음에 도달하는 중생도 있습니다. 이처럼 한없이 윤회를 거듭해야만 비로소 깨달음에 도달할 수 있는 중생을 제도하기 위해서 불가사의해탈에 들어 있는 보살은 7일을 1겁의 길이로 늘여 보이지만 반대로 짧게 윤회하는 동안에도 쉽사리 깨달음에 도달할 수 있는 중생들에 대해서는 1겁을 7일의 길이로 줄여 보입니다. 그리하여 한없이 윤회를 거듭해야만 비로소 깨달음에 도달할 수 있는 중생들은 정작 7일을 1겁의 길이로 생각하고 반대로 짧게 윤회하는 동안에도 쉽사리 깨달음에 도달할 수 있는 중생들은 정작 1겁을 7일의 길이로 생각하게 됩니다.

불가사의해탈에 들어 있는 보살은 이와 같이 모든 불국토의 찬란한 덕을 단 하나의 불국토에 모두 나타낼 수 있습니다. 또한 모든 중생을 오른 손바닥 위에 올려놓은 다음, 마음과 같이 신속함이라는 신통력으로 여러 불국토를 날아다니며 두루 그것을 보여 주지만 정작 이 중생들은 원래의 불국토로부터 조금도 움직인 일이 없습니다. 시방의 모든 불세존에 대한 온갖 공양을 하나의 털구멍 안에 모두 나타내 보이며 시방의 달과 해와 별 모두를 하나의 털구멍 안에 나타내 보이기도 합니다. 시방의 모든 세계에 휘몰아치는 풍륜(風輪)을 입 안으로 모두 빨아들여도 행여 몸이 고통스럽다거나 이들 불국토의 풀 한 포기와 나무 한 그루 다치는 일이 없습니다.

시방의 불국토를 모조리 잿더미로 만드는 겁화(劫火)가 타오를 때 마치 자신의 의무이기도 하다는 듯 모든 불꽃을 뱃속에 집어삼킵니다. 또한 항하사같이 많은 불국토 밑에 있는 한 불국토를 들어올려 다시 항하사같이 많은 불국토를 지난 높은 곳에 그것을 옮길 때에도 마치 힘센 장사가 바늘 끝에 대춧잎을 꿰어올리듯이 합니다.

마찬가지로 불가사의해탈에 들어 있는 보살은 모든 중생들의 의지처가 되어 전륜왕의 모습으로 나타나기도 합니다. 또한 사천왕의 모습으로, 제석천의 모습으로, 범천의 모습으로, 성문의 모습으로, 독각의 모습으로, 보살의 모습으로, 부처님의 모습으로 나타나 모든 중생들의 의지처가 되어줍니다.

상중하로 구분되는 시방 중생들의 소리와 말에 특별한 힘을 작용시켜 각기 부처님의 설법, 부처님의 음성, 법의 말씀, 승가의 소리로 변화시키기도 합니다. 저 중생들의 소리 가운데에는 또한 모든 존재는 무상하며 괴로움이며 공이며 무아라는 소리가 들려나옵니다. 결국 시방의 여러 불세존이 말하는 갖가지 설법을 저 중생들의 소리를 통하여 들을 수 있도록 하는 것입니다.

대덕이시여, 이것으로써 불가사의해탈에 들어 있는 보살의 경지에 대한 설명을 마칠까 합니다. 그것을 좀더 자세하게 말한다면 1겁 혹은 그 이상의 긴 시간이 필요할지도 모르니까요."

대가섭의 찬탄

불가사의해탈에 대한 유마의 설법이 끝나자 열심히 경청하고 있던 대가섭은 감격스러운 목소리로 사리불을 향하여 다음과 같이 말했다.

"사리불이여, 눈먼 장님에게 아무리 무엇인가를 보여 주어도 그는 전혀 알아보지 못합니다. 마찬가지로 아무리 자세하게 불가사의해탈의 도리를 설명해 주어도 정작 성문이나 독각들은 그것에 대해 눈이 뜨이지를 않습니다. 아니 불가사의하다는 의미조차 이해하지 못할 정도입니다. 하지만 진정 지혜로운 이라면 이러한 불가사의해탈의 도리를 듣고 누군들 저 무상의 바른 깨달음에 대해 크게 발심하지 않을 수가 있겠습니까?

하지만 바로 우리들과 같이 깨달음의 바탕이 이미 훼손되어 마치 말라비틀어지고 썩어빠진 씨앗과 같이 타락한 사람들, 대상을 따를 그릇이 못 되는 사람들은 과연 어찌 해야 좋을까요? 사실 이와 같은 설법을 듣고도 미처 발심하지 못한 성문과 독각들의 원통한 울부짖음은 저 삼천대천세계를 진동시키고도 남음이 있을 것입니다. 반대로 모든 보살은 불가사의해탈의 도리를 듣고 마치 젊은 왕자가 왕관을 물려받을 때처럼 크게 기뻐하는 마음으로 그것을 머리 높이 받들면서 반드시 깨달으려는 생각을 일으키겠지요. 그리고 이 같은 불가사의해탈을 믿는 사람들에게는 어떤 마가 오더라도 아무런 해를 입힐 수가 없을 것입니다."

대가섭의 말이 끝나자 3만 2천 명이나 되는 천신들이 그 자리에서 무상의 바른 깨달음에 대해 크게 발심하였다.

그때 유마가 대가섭에게 말했다.

"대덕이시여, 시방의 무수한 세계가 온갖 마(魔)로 들끓고 있건만 정작 그들 모

186

에 들어 있는 보살인 것

방편에 능한 까닭에

를 성숙케 하기 위하여

를 행하고 있을 뿐입니다.

시여, 시방의 무수한 세계에는

게 무엇인가를 구걸하는 이들이 여

많지 않습니다. 그들은 보살의 손·
발·귀·코·피·근육·뼈·골수·눈·
상반신·머리·사지·왕권·국토·백성
·처·사내아이·계집아이·하인·시녀
·말·코끼리·수레·가마·금·은·마
노·진주·패각·파리·산호·유리, 그
밖의 온갖 보석과 음식물과 맛있는 것과
옷가지 등을 억지로 구걸하는 것입니다.
하지만 그 대부분은 역시 불가사의해탈에
들어 있는 보살들입니다. 이 또한 교묘한
방편으로서 보살에게 보시하기를 강요하

는 것으로 굳고 깊은 서원을 세운 이、
것입니다.

대가섭이시여, 왜냐하면 온갖 곤경에
부딪힐수록 보살의 힘은 더욱 굳세어지기
때문입니다. 부처님의 허락도 없이 보살
에게 무엇인가를 강요하는 능력은 보통
사람들에게는 없습니다. 허락도 없이 죽
거나 죽이거나 하는 능력은 여느 사람들
에게서 찾아볼 수 없습니다.

대덕이시여, 예를 들어 반딧불로는 햇빛
을 당할 수가 없습니다. 마찬가지로 부처
님의 허락도 없이 보살을 바짝 협박하는
것은 보통 사람들로서는 불가능한 일입니
다. 예를 들어 당나귀는 코끼리와 용을 당
할 수가 없습니다. 마찬가지로 보살 이외
의 누군가가 보살을 협박하는 것은 전혀
불가능한 일입니다. 보살을 협박할 수 있

는 이는 보살밖에 없으며 보살의 강요를
견딜 수 있는 이도 보살밖에 없습니다.
　대덕이시여, 이것이 바로 불가사의해탈
에 들어 있는 보살이 방편을 아는 능력으
로 들어간다는 것입니다."

제7장 중생에 대한 관찰
(觀衆生品)

중생은 실재하지 않는다

문수가 유마에게 물었다.

"보살은 중생을 어떻게 생각해야 합니까?"

유마가 답했다.

"문수보살이시여, 예를 들어 지혜로운 사람이 물 속의 달을 보듯이 보살은 중생을 보아야 합니다. 예를 들어 마법사가 자신이 만들어낸 허깨비를 보듯이 보살은 중생을 보아야 합니다. 예를 들어[117] 거울에 비친 얼굴을 보듯이, 아지랑이에 떠오른 물과 같이, 되돌아 나오는 메아리같이, 허공에 모여든 구름과 같이, 물방울이 처음 생겨나는 순간과 같이 보살은 중생을 보아야 합니다.

거품이 생겨났다가 사라지듯이, 파초 등치의 속이 텅 비어 있듯이, 번갯불이 잠깐 동안 번쩍이듯이, 사대(四大) 외에 제5대와 같이, 육처(六處) 외에 제7처[118]와 같이, 무색계에 나타난 색과 같이, 썩은 씨앗으로부터 싹이 나오듯이, 거북털로 만든 옷가지같이, 막 죽으려고 하는 이가 즐거워하듯이 보살은 중생을 보아야 합니다.

예류과에 오른 이의 개아라는 생각과 같이, 일래과에 오른 이의 세번째 재생과 같이, 불환과에 오른 이가 태 안에 드는 것같이, 아라한[119]에 오른 이의 탐욕과 노여움과 어리석음같이, 무생법인을 얻은 보살의 집착과 파계와 악의와 해치려는 마음같이, 여래에게 아직도 번뇌의 잔재가 남아 있듯이, 날 때부터 앞 못 보는 이가 온갖 물건을 잘도 알듯이, 멸진정[120]에 들어 있는 이에게 들고 나는 숨이 있는 것처럼 보살은 중생을 보아야 합니다.

허공을 나는 새가 흔적을 남기듯이, 거세당한 이에게 남근이 있듯이, 석녀(石女)가 아이를 낳듯이, 여래가 만들어낸 사람에게 번뇌가 있듯이, 원인이 없이 불이 나듯이, 완전히 열반에 든 이가 윤회를 계속하듯이, 보살은 결코 존재하지 않는 것으로써 중생을 보아야 합니다.

문수보살이시여, 이와 같이 어떤 것도 진정 무아라는 점을 명심하고 보살은 중

192

생을 보아야 합니다."

중생에 대한 사랑

문수가 말했다.

"보살이 모든 중생들을 이와 같이 생각
한다면 일체 중생에 대한 그의 자애심[大
慈心]이 어떻게 가능하겠습니까?"

유마가 답했다.

"문수보살이시여, 이와 같은 관찰을 바
탕으로 모든 존재의 본질을 깨달은 보살은
그 도리를 다시 모든 중생들에게 깨우쳐
주고자 생각하며 그 결과 일체 중생들의
진정한 귀처인 자애심을 일으키게 됩니다.

그것은 집착을 벗어났기에 적정한 자애
심이며, 번뇌를 여의었기에 달아오르지
않는 자애심이며, 과거·현재·미래에 걸

쳐 한결같기에 평등한 자애심이며, 번뇌
따위에 시달리지 않기에 걸림이 없는 자
애심이며, 안과 밖을 혼동하지 않기에 둘
이 아닌[不二] 자애심이며, 철저하기에 흔
들리지 않는 자애심이며, 금강석과 같이
쉽게 허물어지지 않는 결단이기에 견고한
자애심이며, 본래 깨끗하기에 청정한 자
애심이며, 생각이 한결같기에 평등한 자
애심입니다.

　적을 쳐부수는 것이기에 아라한의 자애
심이며, 계속해서 중생들을 성숙케 하기
에 보살의 자애심이며, 진여를 깨닫는 것
이기에 여래의 자애심이며, 정신이 혼미
한 이들을 깨워주기에 눈밝은 이(세존)의
자애심입니다.

　저절로 깨달음에 도달하기에 자연스러
운 자애심이며, 그 맛이 균등하기에 보리

의 자애심이며, 애착과 증오를 여의었기에 치우치지 않는 자애심이며, 대승을 밝게 드러내기에 대비로운 자애심입니다.

공과 무아의 도리를 알기에 시달림을 모르는 자애심이며, 스승의 주먹[121]이 아니기에 법을 보시하는 자애심이며, 파계한 중생을 거두어 주기에 지계(持戒)의 자애심이며, 나와 남을 모두 소중히 하기에 인욕의 자애심이며, 모든 사람들의 짐을 짊어지기에 정진의 자애심이며, 그 맛에 탐닉하지 않기에 선정의 자애심이며, 때맞추어 이로움이 있도록 하기에 지혜의 자애심입니다.

모든 일에서 보리의 문을 나타내기에 방편의 자애심이며, 생각이 청정하기에 거짓이 없는 자애심이며, 참된 마음으로 행하기에 허세가 없는 자애심이며, 번뇌를

벗어났기에 깊은 결단의 자애심이며, 술
책으로 꾀한 것이 아니기에 속임수 없는
자애심이며, 부처님의 법열을 가져다 주
기에 즐거움의 자애심입니다. 문수보살이
시여, 이것이 바로 보살의 위대한 자애심
인 것입니다."

문수가 물었다.

"보살의 위대한 연민[大悲心]이란 무엇
입니까?"

유마가 답했다.

"온갖 선근을 짓고 그것을 중생과 함께
하는 것을 말합니다."

"위대한 환희[大喜]란 무엇입니까?"

"주는 것을 기뻐하며 아쉬워하지 않는
것을 말합니다."

"치우치지 않는 마음[捨心]이란 무엇입
니까?"

"서로 이롭게 하는 것을 말합니다."

태어남의 뿌리

문수가 물었다.

"윤회를 두려워하는 마음이 들면 어떻게 해야 합니까?"

유마가 답했다.

"문수보살이시여, 윤회를 두려워하는 마음이 들면 부처님의 위대함에 의지해야 합니다."

"부처님의 위대함을 의지하고자 하는 이는 어떻게 해야 합니까?"

"부처님의 위대함을 의지하려는 이는 일체 중생의 평등성을 깨닫고자 해야 합니다."

"일체 중생의 평등성을 깨닫고자 하는

이는 어떻게 해야 합니까?"

　"일체 중생의 평등성을 깨닫고자 하는
이는 일체 중생의 해탈을 도와주는 것으
로 목표를 삼아야 합니다."

　"고매한 분이시여, 일체 중생의 해탈을
도와주는 것으로 목표를 삼은 이는 어떻
게 해야 합니까?"

　"문수보살이시여, 일체 중생의 해탈을 도
와주는 것으로 목표를 삼은 이는 먼저 번뇌
로부터 벗어나도록 도와주어야 합니다."

　"번뇌로부터 벗어나도록 도와주고자 하
는 이는 어떻게 해야 합니까?"

　"번뇌로부터 벗어나도록 도와주고자 하
는 이는 바르게 수행해야 합니다."

　"어떠한 것이 바른 수행입니까?"

　"생도 없고 사도 없는 도리를 깨닫고자
하는 것이 바른 수행입니다."

"생도 없고 사도 없는 도리란 무엇입니까?"

"아무런 악도 생기지 않고 아무런 선도 없어지지 않는 것을 말합니다."

"선과 악의 근본은 무엇입니까?"

"개아라는 생각의 바탕인 이 몸이 근본입니다."

"이 몸의 근본은 무엇입니까?"

"이 몸의 근본은 욕망과 애착입니다."

"욕망과 애착의 근본은 무엇입니까?"

"욕망과 애착의 근본은 헛된 분별입니다."

"헛된 분별의 근본은 무엇입니까?"

"헛된 분별의 근본은 뒤바뀐 생각입니다."

"뒤바뀐 생각의 근본은 무엇입니까?"

"뒤바뀐 생각의 근본은 머무는 데가 없는[122] 것입니다."

"머무는 데가 없는 것의 근본은 무엇입니까?"

"문수보살이시여, 머무는 데가 없는 것에 무슨 근본이 있겠습니까? 바로 그러한 이유에서 모든 존재는 정작 머무는 데가 없는 것으로 근본을 삼는 것입니다."

천녀와 꽃비

그때 저 보살대사들의 설법에 크게 감동한 천녀 하나가 문득 유마거사의 방에 모습을 드러내었다. 그녀는 곧 대보살들과 대성문들의 머리 위로 아름다운 꽃비를 내렸다.

그러자 보살들의 몸에 내린 꽃잎들은 금방 밑으로 떨어졌지만 대성문들의 몸에 내린 꽃잎들은 웬일인지 그대로 붙어 버리는 것이 아닌가. 대성문들은 온갖 신통력을 동원해서 떨쳐내려고 했지만 그것은 몸에서 도대체 떨어질 줄 몰랐다.

그러자 천녀가 사리불에게 물었다.

"대덕이시여, 굳이 꽃잎을 떨쳐내려는 이유가 무엇입니까?"

사리불이 답했다.

"천녀여, 모름지기 출가수행자의 몸으로 꽃을 가까이한다는 것은 법에 어긋나는 일이기 때문입니다."

천녀가 말했다.

"대덕이시여, 그러한 말씀은 부디 삼가시기 바랍니다. 이 꽃은 조금도 법에 어긋나지 않습니다. 왜냐하면 이 꽃은 정작 아무런 생각도 분별도 없기 때문입니다.

법에 어긋나는 것은 오히려 거듭 분별하고 생각을 굴리는 그대 자신입니다. 대덕이시여, 출가하여 훌륭한 법을 따르면서도 거듭 분별하고 생각을 굴리는 일이

야말로 법에 맞지 않는 일입니다. 대덕께
서는 법과 율에 대해 늘 머리를 짜내어
분별하고 있지만 그렇게 하지 않는 것이
진정 바른 일인 것입니다.

대덕이시여, 잘 보십시오. 사려와 분별
을 벗어났기에 저 보살대사들의 몸에 정
작 꽃잎 하나 붙어 있지 않은 모습을….

두려운 마음을 품고 있는 사람에게는
오히려 그 틈을 노리고 온갖 악령들이 달
려듭니다. 마찬가지로 생사윤회를 두려워
하는 사람에게는 오히려 색, 소리, 냄새,
맛, 촉감이라는 다섯 가지 욕망이 더욱
세차게 비집고 들어옵니다. 하지만 모든
법에 의한 번뇌를 두려워하지 않는 사람
에 대해서는 정작 색, 소리, 냄새, 맛, 촉
감의 다섯 가지 욕망이 아무리 강해도 결
코 그를 위협하지 못합니다. 애착에 의해

끊어내지 못한 사람에게
'만 그로부터 훌쩍 벗
없이 달라붙지 않습니
, 잘못된 습관을 모두 떨쳐
보살들의 몸에는 꽃잎 하나 달
.시 않는 것입니다."

깨달음의 길이

사리불이 물었다.
"천녀여, 그대가 이 방안에 머문 지 얼
마나 되었습니까?"
천녀가 답했다.
"대덕께서 깨달음을 얻은 것과 똑같습
니다."
"천녀여, 그대가 이 방안에 머문 것은
물론 오래 되었겠지요?"

"대덕께서 깨달음을 얻은 것은 얼[마나]
오래 되었습니까?"

사리불은 이에 아무 말도 대꾸할 수가
없었다.

천녀가 말했다.

"모름지기 지혜제일이라는 분께서 아무
답도 내리지 못하시니 어찌 된 일이십니
까? 지금은 분명히 대덕께서 답변하실 차
례입니다."

사리불이 말했다.

"해탈이란 정작 말로 이를 것이 못 됩
니다. 도대체 나보고 무슨 말을 더 하라
는 겁니까?"

"대덕께서 언설로 나타내는 모든 것이
바로 해탈의 원래 모습입니다. 왜냐하면
무릇 해탈이라는 것은 안에도 없고 밖에
도 없으며 동시에 이 둘을 떠나서도 있을

수가 없습니다. 마찬가지로 언어문자 역시 안에도 없고 밖에도 없으며 동시에 이둘을 떠나서도 있을 수가 없습니다. 대덕이시여, 그러므로 언설을 여의고 달리 해탈을 말할 수는 없습니다. 모든 법이 평등한 곳에 바로 성자의 해탈이 있기 때문입니다."

"탐욕과 노여움과 어리석음[123]에서 벗어나야 비로소 해탈이 있는 것이 아닐까요?"

"탐욕과 노여움과 어리석음을 벗어난 곳에 해탈이 있다는 것은 단지 교만한 생각을 가진 이에게만 해당되는 말입니다. 교만한 생각이 없는 이의 경우는 오히려 탐욕과 노여움과 어리석음 그 자체가 해탈인 것입니다."

사리불이 말했다.

"천녀여, 대단히 훌륭합니다. 도대체 그

대는 무엇을 알고 무엇을 깨달았기에 그렇게 뛰어난 말솜씨를 지니게 되었습니까?"

천녀가 답했다.

"대덕이시여, 저는 아무것도 알지 못하고 아무것도 깨닫지 못했습니다. 그러기에 비로소 이 같은 말솜씨를 지니게 된 것입니다. 자신이 무언가를 알고 무언가를 깨달았다고 생각하는 사람은 저 훌륭한 법을 따르는 데에 있어 오히려 교만한 마음을 가진 이라는 말을 듣습니다."

사리불이 물었다.

"그대는 성문승에 속해 있습니까, 독각승에 속해 있습니까, 대승에 속해 있습니까?"

천녀가 답했다.

"성문승을 말하는 것으로 보아 나는 분명히 성문승입니다. 십이연기의 문으로부터 나서는 것으로 보아서는 분명히 독각승입니다. 동시에 대비심을 잃지 않는 것으로 보아서는 분명히 대승인이기도 합니다.

그럼에도 불구하고 대덕이시여, 예를 들어 참바카 숲에 들어간 사람은 참바카 냄새만 맡을 뿐 다른 악취는 뒤도 돌아보지 않습니다. 마찬가지로 대덕이시여, 이 방안에는 오직 불법의 공덕향(功德香)만이 있기 때문에 결코 성문이나 독각의 냄새를 맡는 일은 없습니다.

대덕이시여, 이 방안에 머물고 있는 제석천과 범천과 사천왕과 천, 용, 야차, 건달바, 아수라, 가루다, 긴나라, 마후라가 역시 저 고매하신 분의 설법을 듣고 불법의 공덕향에 힘입어 모두들 보리심을 일으키게 됩니다.

대덕이시여, 제가 이 방안에 머문 지 어언 12년이 지났건만 그 동안 불가사의한 불법에 관한 설법은 들었어도 정작 성문과 독각에 관한 설법은 한 번도 들은 적이 없습니다.

여덟 가지 기적

대덕이시여, 이 방에는 평소에 볼 수 없는 여덟 가지 불가사의한 일들이 언제나 나타납니다. 먼저 이 방에는 금빛 찬란한 광명이 끊임없이 비치어 밤낮의 구별이 없으며 해와 달도 소용이 없을 정도입니다. 이것이 첫번째 불가사의한 일입니다.

이 방에 들어온 사람은 방 밖에 있든 방 안에 있든 번뇌에 시달리는 일이 없습니다. 이것이 두번째의 불가사의한 일입니다.

이 방에는 언제나 제석천과 범천과 사천왕 및 불국토의 보살들이 운집하여 물러가는 일이 없습니다. 이것이 세번째 불가사의한 일입니다.

이 방에는 언제나 법의 음성이 끊이지 않으니 곧 육바라밀과 불퇴전의 법륜을 중심으로 하는 설법입니다. 이것이 네번째의 불가사의한 일입니다.

이 방에는 언제나 북소리와 노래와 음악이 사람들과 신들에 의해 펼쳐지며 그로부터는 또한 무량한 불법으로 교화하는 음성이 들려오기도 합니다. 이것이 다섯번째 불가사의한 일입니다.

이 방에는 언제나 온갖 보석이 가득 찬 네 개의 큰 상자가 있습니다. 하지만 그 위신력 덕분에 가난한 사람들에게 그것을 아무리 많이 나누어 주어도 결코 바닥이 드러나는 법이 없습니다. 이것이 여섯번째 불가사의한 일입니다.

이 방에는 언제나 저 고매하신 분이 원하든 원하지 않든 석가족의 현자이신 석가여래를 비롯하여 무변광여래, 부동여래, 보길상여래, 보염여래, 보월여래, 보엄여래, 난승여래, 일체의성취여래, 다보여래, 사자후여래, 사자성여래 같은 시방의 무량한 여래들이 내려와 여래의 비밀이라는 법문으로 들어가는 길을 일러주고 나서 다시 돌아가고는 합니다. 이것이 일곱번째 불가사의한 일입니다.

이 방에는 언제나 모든 신들이 머무는 궁전과 광명과 불국토의 공덕에 의한 일체의 광명이 나타납니다. 이것이 여덟번째 불가사의한 일입니다.

대덕이시여, 이 방에는 언제나 평소에

볼 수 없는 여덟 가지 불가사의한 일들이 나타납니다. 이와 같이 불가사의한 일을 목격할진대 누가 굳이 성문의 법을 따르고자 하겠습니까?"

여자에서 남자로

사리불이 물었다.

"천녀여, 그대는 굳이 여성으로 남아 있을 것이 아니라 남성으로 몸을 바꾸는 것이 어떻겠습니까?"[124]

천녀가 답했다.

"지난 12년 동안 저는 계속해서 여성의 본질을 찾아보았지만 끝내 그 뜻을 이룰 수가 없었습니다. 대덕이시여, 여자의 형체를 만들어낸 어떤 마술사에게 그것을 왜 남자로 바꾸지 않느냐고 다그친다면 그러한 질문은 과연 정당한 것일까요?"

"마술 가운데는 실재로서 존재하는 것
이 하나도 없기 때문에 그러한 질문은 정
당하지가 않습니다."

"대덕이시여, 이와 마찬가지로 어떤 존
재도 실재가 아니며 단지 허깨비의 변형에
지나지 않습니다. 그럼에도 불구하고 그대
는 정작 여성의 모습을 벗어던지고 남성의
모습으로 몸을 바꾸라 하시는군요."

그때 천녀가 문득 신통을 부려 사리불
의 몸으로 자신의 모습을 삼고 사리불에
게는 자신의 몸으로 모습을 삼도록 하였
다. 그리고 나서 사리불 모습의 천녀가
천녀 모습의 사리불에게 물었다.

"대덕이시여, 그대는 왜 여자의 모습을
바꾸지 않는 겁니까?"

천녀 모습의 사리불이 답했다.

212

"남자였던 내가 여자의 모습으로 바뀌었지만 정작 나 자신은 그러한 사실을 실감할 수가 없기 때문입니다."

천녀가 말했다.

"만약에 대덕께서 여자의 모습을 바꿀 수가 있다면 다른 여자들도 모두 자신들의 모습을 바꿀 겁니다. 하지만 대덕께서 단지 여자의 모습만을 취하고 있듯이 다른 여자들도 모두 그 모습이 여자인 것일 뿐, 본래는 여자의 모습과 아무 상관 없는 것이 그렇게 나타난 것입니다. 세존께서는 바로 그러한 의미에서 일체의 존재는 여자니 남자니 하는 것과 아무런 상관이 없다고 말씀하셨던 것입니다."

그때 천녀가 다시 신통을 부리자 사리불은 원래의 모습으로 돌아왔다.

천녀가 물었다.

"대덕이시여, 그대가 가지고 있던 여자의 모습은 어디로 갔습니까?"

사리불이 답했다.

"나는 여자가 된 적도 없고 또 그 반대인 적도 없습니다."

천녀가 말했다.

"그와 마찬가지로 모든 존재 또한 새로 만들어지는 일도 없고 바뀌는 일도 없습니다. 만들어지는 일도 없고 바뀌는 일도 없다고 하는 것이 바로 부처님의 가르침입니다."

사리불이 물었다.

"천녀여, 그대는 죽은 다음 어디에 태어납니까?"

천녀가 답했다.

"여래가 짐짓 꾸며낸 것들이 태어나는 곳에 저 또한 태어나겠지요."

214

"여래가 꾸며낸 것에는 죽는 일도 나는 일도 없지 않습니까?"

"그렇습니다. 마찬가지로 모든 존재에는 죽는 일도 나는 일도 없습니다."

"천녀여, 그대는 언제쯤 깨달음에 도달하게 됩니까?"

"대덕이시여, 그대가 정작 범부와 다름 없이 될 때에 비로소 저는 깨달음을 완성할 것입니다."

"나와 같이 번뇌를 벗어난 아라한이 다시 범부가 되는 일은 있을 수 없습니다."

"그렇습니다. 마찬가지로 저도 결코 깨달음에 도달할 수가 없습니다. 왜냐하면 깨달음이란 반드시 머무는 데가 없는 곳에 존재하기 때문입니다. 머무는 데가 없는 곳에 존재하는데 뉘라서 깨달음에 도달할 수 있겠습니까?"

"여래의 말씀에 의하면 항하사같이 많은 여래들이 이미 깨달음에 도달했고 지금도 도달하고 있고 앞으로도 도달할 것이라고 하지 않습니까?"

"여러 부처님이 과거에도 있었고 현재에도 있고 미래에도 있으리라는 말은 단지 문자나 숫자로 나타낸 것에 지나지 않습니다. 여래는 과거에도 없었고 현재에도 없고 미래에도 없을 것이며 깨달음은 정작 이 삼세를 초월한 것입니다. 그대는 진정 아라한의 도를 얻었습니까?"

"얻는 것은 없습니다. 그러기에 얻었다고 말할 수 있겠지요."

"그렇습니다. 마찬가지로 깨달은 것이 없기 때문에 진정한 깨달음에 도달하는 것입니다."

그때 유마가 사리불에게 말했다.

"대덕이시여, 이 천녀께서는 일찍이 92억이나 되는 많은 부처님을 섬기면서 마음대로 신통력을 부리고 바라는 대로 생을 받았으며 무생법인을 얻고 불퇴전의 자리에 올라 있는 분입니다. 여기 천녀의 모습으로 나타난 것은 오직 중생들의 근기를 성숙시키기 위하여 스스로가 원한 결과일 뿐입니다."

제8장 불도를 향한 보살행
(佛道品)

보살의 도

그때 문수가 유마에게 물었다.

"어떻게 해야 보살은 부처님의 도를 향해 나아갈 수 있겠습니까?"

유마가 답했다.

"문수보살이시여, 도 없는 것을 도로 삼을 때 비로소 보살은 부처님의 도를 향해 나아갈 수 있습니다."

"도 없는 것을 도로 삼는다는 말은 무슨 의미입니까?"

"5무간죄[125)]를 도로 삼으면서도 결코 악의와 해치려는 마음과 원한을 갖지 않습니다. 지옥의 도를 도로 삼으면서도 번뇌의 티끌을 모두 벗어납니다. 축생의 도를 도로 삼으면서도 어리석음이라는 캄캄한 어둠을 벗어납니다. 아수라의 도를 도로 삼으면서도 교만과 오만과 아만을 모두 벗어납니다. 죽음의 신인 마야의 도를 도로 삼으면서도 복덕과 앎의 바탕을 쌓아갑니다. 색계와 무색계의 도를 도로 삼으면서도 결코 그 도에 빠지는 일이 없습니다.

탐욕을 도로 삼으면서도 오욕을 누리는 일에서 벗어납니다. 노여움을 도로 삼으면서도 모든 사람들에 대해 결코 노여워할 줄 모릅니다. 어리석음을 도로 삼으면서도 모든 법을 알고 두루 통찰하는 마음을 가지고 있습니다.

　인색함을 도로 삼으면서도 몸과 목숨을 돌보지 않고 안팎의 사람들에게 재물을 나누어 줍니다. 계율을 어기는 것으로 도를 삼으면서도 털끝만큼의 과오조차 두려워하며 두타행(頭陀行)[126]의 덕을 쌓아 소욕지족(少欲知足)을 실천합니다. 해치려는 마음과 노여움과 분통해 하는 것으로 도를 삼으면서도 끝내 악한 마음을 거두어들이고 자애로움을 보입니다. 게으름을 도로 삼으면서도 늘 정진하여 선근을 쌓고자 애씁니다. 어지러운 마음을 도로 삼으면서도 본래부터 명상을 즐기며 바르게 선정을 닦습니다. 악한 지혜를 도로 삼으면서도 힘써 지혜바라밀을 좇아 세간과 출세간의 경전에 능통합니다.

아첨과 간교를 도로 삼으면서도 깊은 궁리를 담아 이야기하며 절묘한 방편을 행합니다. 교만한 마음을 도로 삼으면서도 한편으로는 세상 전체에 대해 다리가 되어주고 난간이 되어주기도 합니다. 번뇌를 도로 삼으면서도 결코 거기에 물드는 법이 없으며 본성은 오히려 청정합니다. 마(魔)를 도로 삼으면서도 정작 일체의 불법에 따르며 다른 외도의 가르침은 귀기울이지 않습니다.

성문의 도를 도로 삼으면서도 일찍이 들을 수 없었던 뛰어난 법을 사람들에게 전해 줍니다. 독각의 도를 도로 삼으면서도 모든 사람들의 근기를 성숙시키기 위하여 굳은 대비심을 발합니다.

빈곤함을 도로 삼으면서도 결코 바닥나지 않는 재물을 가지고 있습니다. 불구의

몸을 도로 삼으면서도 아름다운 용모와
복된 상호로 육신을 꾸미고 장식되어 있
습니다. 비천한 혈통을 도로 삼으면서도
복덕과 지혜와 자질이 뛰어나서 그대로
여래의 혈통을 빼박은 모습입니다. 무기
력하고 피부빛이 더러우며 천박한 것을
도로 삼으면서도 눈으로 보기에 늘 빼어
나서 마치 나라야나신[127]의 육신을 가진
듯합니다. 모든 사람들에게 질병과 고통
의 모든 모습을 보여 주지만 정작 죽음의
공포를 뛰어넘고 뿌리뽑았습니다.

엄청난 재물을 도로 삼으면서도 결코
그것에 애태우는 일없이 무상하다는 생각
을 거듭 다짐할 뿐입니다. 수많은 기생과
놀이판에 둘러싸여 있지만 늘 한가함을
즐기면서 애욕의 수렁에서 벗어나 있습니
다. 십팔계와 십이처 등의 소승적인 가르

침을 도로 삼으면서도 대승의 다라니와
함께 뛰어난 변재로 스스로 꾸밉니다. 이
교도의 도를 도로 삼으면서도 결코 거기에
빠지는 일이 없습니다. 세간의 온갖 도를
도로 삼으면서도 단연코 그 모든 것으로부
터 발을 뺍니다. 열반을 도로 삼으면서도
결코 윤회의 흐름에서 나오지 않습니다.

문수보살이시여, 바로 이와 같은 경우
를 일러 보살이 도 아닌 것으로 도를 삼
는다고 말하며 부처님의 도를 향하여 나
아간다고 하는 것입니다."

여래가 되는 씨앗

그때 유마가 문수에게 물었다.
"어떤 것이 여래가 되는 씨앗입니까?"
문수가 말했다.

"개아(個我)라는 그릇된 생각에서 벗어난 이 몸이 여래가 되는 씨앗입니다. 무명과 존재를 향한 집착이 여래가 되는 씨앗입니다. 탐욕과 노여움과 어리석음이 여래가 되는 씨앗입니다. 네 가지 뒤바뀐 생각[128]과 다섯 가지 덮개[129]가 여래가 되는 씨앗입니다. 여섯 가지 인식의 장[130]이 여래가 되는 씨앗이며 일곱 가지 식주(識住)[131]가 여래가 되는 씨앗입니다. 여덟 가지 삿된 도[132]가 여래가 되는 씨앗이며, 아홉 가지 악한 마음[133]을 품는 것이 여래가 되는 씨앗이며, 열 가지 불선업도(不善業道)가 여래가 되는 씨앗입니다. 고매한 분이시여, 이와 같이 예순두 가지 그릇된 견해가 모두 여래가 되는 씨앗인 것입니다."

유마가 물었다.

"그렇게 말씀하시는 이유는 무엇입니까?"

문수가 답했다.

"무위를 봄으로써 궁극의 경지에 도달한 사람은 새삼 위없는 완전한 깨달음에 대해 발심하지 못합니다. 그에 반해 번뇌가 우글거리는 유위 가운데에서 미처 진리를 알지 못하는 사람이야말로 정작 위없는 깨달음에 대해 간절한 마음을 발할 수 있는 것입니다.

자갈이 깔려 있는 땅 위에서는 아름답고 향기로운 온갖 연꽃들이 피어날 수 없습니다. 이들은 오직 진흙밭이나 더러운 물 속에서만 피어납니다. 마찬가지로 무위의 궁극성을 믿는 자들에게는 불법의 꽃이 피어날 수 없습니다. 그것은 오직 진흙밭이나 더러운 물같이 번뇌가 들끓는 곳에 처한 사람들에게만 환하게 피어납니다. 공중에 뿌린 씨는 싹을 내지 않지만 땅

위에 뿌린 씨는 잘 자라납니다. 마찬가지로 무위의 궁극성을 믿는 자들에게는 불법이 자라지 않습니다. 수미산같이 높은 오만함과 함께 내가 있다는 생각에 빠져 있으면서도 정작 깨달음에 대해 크게 발심할 때 비로소 불법은 자라나는 것입니다. 이와 같이 모든 번뇌야말로 여래가 되는 씨앗임을 깨달아야 합니다.

넓은 바다를 건너지 않으면 값비싼 보배를 구할 수가 없습니다. 마찬가지로 번뇌의 바다에 발을 들여놓지 않고서는 결코 여래의 일체지에 대한 염원을 일으킬 수가 없는 것입니다."

대가섭의 고백

그때 대가섭이 감동에 복받쳐오르는 목

소리로 문수에게 말했다.

"문수보살이시여, 정말로 훌륭하십니다. 지금 하신 말씀은 진정 옳으신 말씀입니다. 번뇌는 실로 여래가 되는 씨앗입니다. 그러니 저희와 같은 자들이 어찌 깨달음에 대해 발심할 수 있을 것이며 또한 어찌 불법에 대해 눈을 뜰 수 있겠습니까? 5무간죄를 지은 이들이야말로 진정 보리심을 발하여 깨달음을 얻을 수 있다 하겠습니다.

오관이 불구인 자에게는 오욕의 즐거움도 그 기능도 아무 소용이 없습니다. 마찬가지로 일체의 번뇌를 벗어난 성문에게는 어떠한 불법도 소용이 없으며 그것을 바르게 받아들이는 일이 불가능합니다.

문수보살이시여, 그러기에 범부들은 여래의 은혜를 뼈저리게 느끼지만 성문들은 정작 그 은혜를 나 몰라라 합니다. 왜냐

하면 부처님의 위덕을 전해 들은 범부들
은 행여 삼보의 씨앗이 끊어질까 위없는
바른 깨달음을 향해 크게 발심하지만 성
문들은 설령 일생에 걸쳐 십력과 사무외
같은 부처님의 위덕을 듣고 보더라도 정
작 위없는 바른 깨달음에 대해 발심할 수
있는 능력이 부족하기 때문입니다."

보살의 가족

당시 문수를 뒤따라온 여러 보살 가운
데에 보현일체색신보살(普現一切色身菩薩)
이 있었다. 그가 유마에게 물었다.

"그대의 부모와 처자와 하인과 일꾼들
은 모두 어디에 있습니까? 친구와 친척들
은 모두 어디에 있습니까? 그리고 사자와
말과 코끼리와 마차와 무사들과 탈것들은

모두 어디에 있습니까?"
  이에 대해 유마는 게송으로 답했다.

  모든 보살에 있어서
  지혜바라밀은 어머니이고
  능한 방편은 아버지이니
  이 둘을 부모삼아 보살은 태어나네.

  법이 주는 기쁨은 보살의 처요
  자(慈)와 비(悲)는 딸이며
  법과 진실은 아들이며
  공의 이치를 캐는 것으로 일가를 삼네.

  온갖 번뇌는
  말 잘 듣는 제자이고
  칠각지(七覺支)는 벗이니
  그 덕분으로 깨달음에 도달하네.

늘 오가는 이웃은 육바라밀이고
사섭법은 딸들이니
그녀들의 노랫소리
견줄 바 없는 설법일세.

온갖 다라니가 꽃밭이니
깨달음의 가지가 거기에서 피어난다.
그 열매는 해탈지(解脫知)이고
법이라는 큰 재산으로 줄기를 삼네.

해탈 연못에 삼매의 물이 가득하니
거기 일곱 가지 아름다운 연꽃[134]이 피어올라
청정하게 몸을 헹구네.

신통력이 그 탈것이라
견줄 바 없이 큰 수레일세.
보리심으로 마부를 삼으니
여덟 갈래 길〔八正道〕이 편안하네.

그 장식은
32상과 80종호
선(善)에 대한 염원과 참괴(慚愧)는
그 의복이라네.

뛰어난 법의 재산을 잘 쓰니
이는 곧 설법이요
청정한 정진으로 이윤을 삼아
깨달음을 향해 이를 회향하네.

네 가지 선정은 침상이고
티끌 없는 삶 이불삼아 그 위를 덮네.
잠이 깨는 것은 온갖 것 아는 일
늘 법을 들으면서 마음 모으네.

불사(不死)의 법으로 밥을 삼고
해탈의 맛으로 음료를 삼으며
청정한 마음으로 목욕을 하고

바르는 향은 계율일세.

번뇌의 적을 무찌르니
저 보살은 곧 불패(不敗)의 용자일세.
네 가지 마[135] 모두 꺾고
보리좌에 깃발을 날리네.

마음먹은 곳에 태어나도록 사람들을 가르치지만
실제는 태어남도 죽음도 없는 것.
널리 불국토를 밝히는 일
마치 떠오른 태양과 같네.

수억의 부처님께 공양하지만
자신들과 모든 부처님 사이에는
결코 차이가 있다고는 생각지 않네.

사람들의 이익을 위해
각자에 알맞는 불국토를 보이지만

그 또한 허공과 같은 것
중생 역시 실재라고는 여기지 않네.

어떤 중생들의 모양도
목소리도 말도 두려워하지 않는 보살은
한순간에 모든 것을 나타내네.

온갖 마(魔)의 소행에 능통하지만
그들은 결코 마를 따르지 않는다.
방편의 피안에 도달한 이들은
오히려 마의 소행에도 걸림이 없네.

허깨비 같은 존재를 멋대로 만들어내
사람들을 성숙시키기 위해
스스로 노인이나 병자가 되거나
혹은 죽음을 보여 주네.

어떤 때에는 모든 세상을 불태우는

겁화를 일으키나니
영원을 믿는 중생들에게
덧없는 이치를 깨우쳐주기 위함이네.

설령 나라 안의 모든 사람들로부터
일시에 초대받는다 해도
주저 없이 이에 응하여
깨달음으로 모두 이끄네.

주술(呪術)과 학문
그리고 온갖 기예에 통달하여
모든 사람들에게
즐거움을 안겨주네.

이교도라고 불릴 정도로
온갖 이교(異敎)에 출가하여
삿된 견해에 빠진 그들을
모두 해방시켜 주네.

달이나 해
혹은 제석천이나 범천이나
조물주, 물과 불
그리고 땅과 바람이 되기도 하네.

질병이 들끓는 중겁(中劫)[136]에는
훌륭한 약이 되어
사람들을 해탈케 하고
병을 고쳐 행복으로 이끄네.

굶주림이 많은 중겁에는
먹을 것과 마실 것이 되어
배고픔과 갈증을 구제하고
사람들에게 법을 설하네.

창칼이 매서운 중겁에는
자애심을 닦아
한량없이 많은 중생을

다툼 없는 세상으로 인도하네.

전쟁을 화해시킬 때에는
치우치지 않나니
큰 능력을 가진 보살은
평화와 화합의 모습을 좋아하기 때문에.

생각할 수 없을 만큼 많은
불국토 혹은 지옥이라도
사람들의 이익을 위해서라면
기꺼이 그곳을 찾아가네.

축생의 세계를 비롯한
모든 세상을 방문하여 법을 설하나니
그런 까닭에
세상을 보살피는 손이라 불리네.

애욕에 깊이 빠지기도 하지만

선정을 닦는 이에게는
선정 수행의 모범을 보여 주나니
곧 마를 제압하여 틈을 보이지 않네.

불구덩이 속에서 연꽃이 피어난다는 말은
불도 연꽃도 실재가 아니라는 도리이니
애욕과 함께 선정을 즐기는 일 또한
이 둘이 실재가 아님을 보여 주네.

생각에 따라 기생이 되기도 하나니
이는 곧 뭇 남자들을
애욕의 갈고리로 유인하여
부처님의 법을 알게 하도록 함이네.

사람들을 이롭게 하기 위하여
어떤 때에는 마을의 어른이 되기도 하고
어떤 때에는 장사치의 우두머리와
왕의 스승과 신하

그리고 수상이 되기도 하네.

가난한 사람들에 대해서는
바닥나지 않는 보물 창고가 되나니
먼저 그들에게 재물을 베풀고
다시 깨달음을 향해 발심케 하네.

교만하고 완고한 사람에 대해서는
강인한 장사로 출현하나니
그 교만함을 모두 꺾고
위없는 깨달음을 구하게 하네.

두려움에 떠는 이 앞에
늘 그는 서 있나니
먼저 마음을 안정시키고
마침내 깨달음을 향해 성숙케 하네.

다섯 가지 신통력을 지닌

신선이 된 보살은
중생들을 인내와 온화와 계율과
자제로 인도하네.

일손을 필요로 하는 사람을 만나면
두려움을 여읜 보살들은
그 하인이 되기도 하고
제자가 되어 섬기기도 하네.

어떤 방법으로든
사람들이 법과 친해질 수 있도록
대방편에 능한 저들은
온갖 방책을 펼치네.

그들이 아는 것은 한이 없으며
그 대상 역시 끝이 없나니
무한한 지식을 완성하여
무한한 중생들을 해탈시키네.

영겁토록 보살의 덕을
칭송할지라도
제불세존조차
그 덕을 다 노래하지 못하리.

지혜가 모자라는 사람들은 어쩔 수 없지만
정작 변재가 뛰어난 사람이라면
그 누가 이 법을 듣고
고귀한 깨달음을 얻으려 하지 않으랴.

제9장 불이의 법문
(入不二法門品)

보살의 불이법문

그때 유마가 여러 보살을 향하여 물었다.
"보살이 불이(不二)의 법문에 들어간다
는 말이 있습니다. 이 말이 도대체 어떤
의미인지 설명해 주시기 바랍니다."

법자재(法自在)보살이 먼저 말했다.

"선남자여, 생겨나는 것과 멸하는 것을
둘이라고 합니다. 하지만 생겨나는 것이

없게 되면 당연히 멸할 것도 없게 되겠지요. 결국 일체의 법은 생겨남이 없다고 확신[無生法忍]하는 그것이 바로 불이에 들어간다는 뜻입니다."

승밀(勝密)보살이 말했다.

"내가 있다든지 또는 나의 것이라는 생각을 둘이라고 합니다. 하지만 '나'라는 존재가 헛된 것이라면 내 것이라고 할 만한 것도 없게 됩니다. 결국 이와 같이 그릇된 생각에서 벗어나는 그것이 바로 불이에 들어간다는 뜻입니다."

승봉(勝峰)보살이 말했다.

"더럽다느니 깨끗하다느니 하는 것을 둘이라고 합니다. 하지만 더러운 것의 실체를 잘 알게 되면 깨끗한 것에 대한 맹신도 없게 됩니다. 모든 맹신을 쳐부수는 데로 나아가는 그것이 바로 불이에 들어

242

간다는 뜻입니다."

묘성(妙星)보살이 말했다.

"움직임[動]과 고요히 생각함[靜]을 둘이라고 합니다. 하지만 움직임이 없으면 고요히 생각할 것도 없고 마음쓸 일도 없으며 관심을 가질 일도 없습니다. 결국 관심을 가질 일이 없는 그것이 바로 불이에 들어간다는 뜻입니다."

묘비(妙臂)보살이 말했다.

"보살의 마음이니 성문의 마음이니 하는 것을 둘이라고 합니다. 하지만 마음 역시 허깨비와 같다고 생각하게 되면 정작 보살의 마음도 없고 성문의 마음도 없습니다. 결국 마음의 모습에 차별이 없는 그것이 바로 불이에 들어간다는 뜻입니다."

무순(無瞬)보살이 말했다.

"취하는 것과 취하지 않는 것을 둘이라

고 합니다. 하지만 취하지 않는다는 것은
인식하지 않는다는 것이고 인식이 없으면
판단도 없고 판단이 없으면 버릴 것도 없
습니다. 어떠한 것도 지음이 없고 작용시
키지도 않는 그것이 바로 불이에 들어간
다는 뜻입니다."

선안(善眼)보살이 말했다.

"일상(一相)이라느니 무상(無相)이라느니
하는 것을 둘이라고 합니다. 하지만 판단
을 중지하고 분별을 그치게 되면 정작 일
상도 아니고 무상도 아닙니다. 어떠한 상
도 평등하다고 깨닫는 그것이 바로 불이
에 들어간다는 뜻입니다."

불사(弗沙)보살이 말했다.

"선과 악을 둘이라고 합니다. 하지만
선과 악을 분별하지 않고 무상(無相)의 실
제를 깨닫는 그것이 바로 불이에 들어간

다는 뜻입니다."

사자(獅子)보살이 말했다.

"잘못이 있다느니 잘못이 없다느니 하는 것을 둘이라고 합니다. 하지만 다른 것을 깨뜨릴 수 있는 금강석과 같은 앎과 더불어 속박도 없고 해탈도 없다는 점을 깨닫는다면 그것이 바로 불이에 들어간다는 뜻입니다."

사자의(獅子意)보살이 말했다.

"번뇌가 있다느니 번뇌가 없다느니 하는 것을 둘이라고 합니다. 하지만 평등성을 바탕으로 존재를 이해하게 되면 번뇌가 있다느니 없다느니 하는 관념도 없어지고 또한 버릴 것도 없게 됩니다. 나아가 평등성마저도 정작 얻었다 할 것이 없으며 모든 관념의 얽매임을 벗어납니다. 이렇게 아는 그것이 바로 불이에 들어간다는 뜻입니다."

정해(淨解)보살이 말했다.

"행복이라느니 불행이라느니 하는 것을
둘이라고 합니다. 하지만 앎이 지극히 순
수하여 일체의 헤아림을 벗어나며 지혜가
허공과 같아서 걸림이 없는 그것이 바로
불이에 들어간다는 뜻입니다."

나라연(那羅延)보살이 말했다.

"세간적이라느니 출세간적이라느니 하
는 것을 둘이라고 합니다. 하지만 세간의
본성이 공하다면 굳이 그로부터 출세간으
로 나올 것도 없고 그 안에 들어갈 것도
없으며, 갈 것도 없고 가지 않을 것도 없
습니다. 결국 나올 것도 없고 들어갈 것
도 없으며, 갈 것도 없고 가지 않을 것도
없는 그것이 바로 불이에 들어간다는 뜻
입니다."

선의(善意)보살이 말했다.

"윤회와 열반을 둘이라고 합니다. 하지만 윤회의 본질을 깨닫고 나면 더 이상 윤회도 없고 열반에도 들어가지 않게 됩니다. 이와 같이 아는 그것이 바로 불이에 들어간다는 뜻입니다."

현견(現見)보살이 말했다.

"다함과 다함이 없음을 둘이라고 합니다. 하지만 다함이란 철저하게 다한다는 것이고 철저하게 다한다는 것은 더 이상 다할 것이 없는 것, 곧 다함이 없는 것입니다. 또한 다함이 없는 것은 찰나적인 것이며 찰나적인 것에는 다함도 없고 다함이 없는 것도 없습니다. 이와 같이 아는 그것이 바로 불이에 들어간다는 뜻입니다."

보밀(普密)보살이 말했다.

"내[我]가 있음과 내가 없음을 둘이라고

합니다. 하지만 나의 본질을 알지도 못하면서 어떻게 내가 없다고 말할 수 있겠습니까? 이 둘의 핵심을 환히 꿰뚫어 보아 결코 서로 다르지 않다는 사실을 깨닫는 그것이 바로 불이에 들어간다는 뜻입니다."

뇌천(雷天)보살이 말했다.

"앎은 본질적으로 어리석음과 다릅니다. 어리석음이란 정작 측량할 수 없는 것, 헤아릴 수 없는 것, 사량(思量)의 도를 초월한 것입니다. 이와 같이 아는 그것이 바로 불이에 들어간다는 뜻입니다."

희견(喜見)보살이 말했다.

"색(色)과 공(空)을 둘이라고 합니다. 하지만 색은 그 자체로서 공이기에 색이 멸하여 공이 되는 것이 아니고 색의 본성이 곧 공입니다. 마찬가지로 감각과 관념과 행동의지와 의식 및 공을 둘이라고 합니

248

다. 하지만 의식은 그 자체로서 공일 뿐 의식이 멸하여 공이 되는 것이 아니고 의식의 본성이 곧 공입니다. 집착의 대상인 오온에 대해 이와 같이 아는 그것이 바로 불이에 들어간다는 뜻입니다."

광당(光幢)보살이 말했다.

"지수화풍의 사계(四界)와 허공계를 둘이라고 합니다. 하지만 사계는 허공계를 본성으로 하며, 과거·현재·미래 역시 모두 허공계를 본성으로 합니다. 이와 같이 아는 그것이 바로 불이에 들어간다는 뜻입니다."

묘의(妙意)보살이 말했다.

"눈과 그 대상을 둘이라고 합니다. 하지만 눈의 본질을 깨닫게 되면 그 대상에 집착하는 일이 없고 노여워하지 않으며 어리석음에서 벗어나니 이를 곧 적정이라

고 합니다. 마찬가지로 귀와 소리, 코와
냄새, 혀와 맛, 몸과 촉감, 마음과 법을
각각 둘이라고 합니다. 하지만 마음의 본
질을 깨닫게 되면 법에 집착하는 일이 없
고 노여워하지 않으며 어리석음에서 벗어
나니 이를 곧 적정이라고 말합니다. 이와
같이 적정을 실현하는 그것이 바로 불이
에 들어간다는 뜻입니다."

무진의(無盡意)보살이 말했다.

"보시와 일체지에 대한 회향을 둘이라
고 합니다. 하지만 보시의 본질은 일체지
이며 일체지의 본질은 곧 회향에 있습니
다. 마찬가지로 계율과 인욕과 정진과 선
정과 지혜 및 일체지에 대한 회향을 둘이
라고 합니다. 하지만 일체지는 지혜를 본
질로 하고 또한 회향은 일체지를 본질로
합니다. 이와 같이 이들이 모두 하나라는

250

도리를 깨닫는 그것이 바로 불이에 들어
간다는 뜻입니다."

심혜(深慧)보살이 말했다.

"공이니 무상(無相)이니 무원(無願)이니
하는 것을 둘이라고 합니다. 하지만 공이
라는 것에는 아무런 상도 없으며 상이 없
는 것에는 원(願) 또한 없습니다. 그리고
원이 없는 것에는 마음도 생각도 의식도
움직이지 않습니다. 이와 같이 하나의 해
탈문[137]을 통하여 모든 해탈문을 보는 그
것이 바로 불이에 들어간다는 뜻입니다."

적근(寂根)보살이 말했다.

"부처와 법과 승가로 나누는 것을 둘이
라고 합니다. 하지만 부처의 본성은 법이
고 법의 본성은 승가입니다. 이들은 한결
같이 무위이며 무위는 곧 허공입니다. 이
와 같이 모든 존재를 허공으로 보는 그것

이 바로 불이에 들어간다는 뜻입니다."

무애안(無碍眼)보살이 말했다.

"몸과 몸의 소멸을 둘이라고 합니다. 하지만 몸은 그 자체로서 몸의 소멸을 벗어나지 않습니다. 왜냐하면 자신의 몸을 개아(個我)라는 그릇된 관념으로 파악한다거나 맹신하지 않게 되면 이것은 몸이다, 몸은 소멸하는 것이라고 쉽사리 단정지을 수 없기 때문입니다. 그러한 단정도 없고 양자간의 분별도 사라지고 망상에서 벗어날 때 비로소 몸은 소멸을 본성으로 한다는 도리를 깨닫게 됩니다. 이와 같이 나는 것도 없고 멸하는 것도 없다는 도리를 아는 그것이 바로 불이에 들어간다는 뜻입니다."

상선(上善)보살이 말했다.

"몸과 말과 생각,[138] 이 셋에 대한 규제

는 서로 다른 것이 아닙니다. 왜냐하면 이들은 모두 억지로 작위함이 없는 성질을 가지고 있기 때문입니다. 몸이 애써 짓지 않으면 곧 말도 애써 짓지 않고 동시에 생각도 애써 짓지 않습니다. 결국 모든 것에 애써 작위함이 없다는 점을 깨달아야 하며 이와 같이 아는 그것이 바로 불이에 들어간다는 뜻입니다."

복전(福田)보살이 말했다.

"공덕과 비공덕과 그 어떤 것도 아닌 부동(不動)이라는 이 세 가지 행위를 둘이라고 하며 반대로 공덕과 비공덕과 부동이 모두 무작위인 것을 불이라고 합니다. 공덕과 비공덕과 부동을 행하는 것은 본질적으로 공이며, 거기에는 공덕도 없고 비공덕도 없으며, 또 부동인 것도 없고 작위라고 할 것도 없습니다. 결국 이 셋

모두를 행하지 않는 그것이 바로 불이에
들어간다는 뜻입니다."

연화(蓮華)보살이 말했다.

"자아가 일어나면서부터 둘 사이의 대
립이 나타납니다. 하지만 자아의 본질을
꿰뚫어 보는 이에게는 둘 사이의 대립이
나타나지 않습니다. 이와 같이 둘 사이의
대립을 벗어나게 되면 정작 알려는 주체
도 없고 그 대상도 없다는 그것이 바로
불이에 들어간다는 뜻입니다."

덕장(德藏)보살이 말했다.

"인식행위에 의하여 둘 사이의 대립이
나타납니다. 하지만 인식이 없는 곳에는
둘 사이의 대립도 없습니다. 그러기에 인
식의 결과를 바탕으로 수용하거나 거부하
지 않는 그것이 바로 불이에 들어간다는
뜻입니다."

월상(月上)보살이 말했다.

"밝음과 어둠을 둘이라고 하며, 밝음도 없고 어둠도 없는 것을 불이라고 합니다. 왜냐하면 멸진정에 들어가게 되면 정작 밝음도 어둠도 없기 때문입니다. 모든 존재도 이와 마찬가지여서 그 평등성을 깨닫는 그것이 바로 불이에 들어간다는 뜻입니다."

보인수(寶印手)보살이 말했다.

"열반을 좋아하고 윤회를 좋아하지 않는 것을 둘이라고 하며, 반대로 열반도 좋아하지 않고 윤회 또한 싫어하지 않는 것을 불이라고 합니다. 왜냐하면 속박이 있는 경우라면 해탈을 간절히 구하겠지만 속박이 전혀 없는 경우라면 누가 굳이 해탈하고자 마음을 내겠습니까? 속박도 없고 해탈도 없는 비구에게는 정작 기뻐할

것도 없고 싫어할 것도 없습니다. 이것이
바로 불이에 들어간다는 뜻입니다."

주정왕(珠頂王)보살이 말했다.

"바른 도와 그릇된 도를 둘이라고 합니
다. 하지만 바른 도에 있는 자는 새삼 그
릇된 도에 빠지는 일이 없으며 그릇된 도
에 있는 자는 정작 무엇이 바른 도이고
그릇된 도인지를 알지 못할 것입니다. 이
와 같은 관념에서 벗어나 둘 사이의 대립
적인 분별을 일으키지 않는 그것이 바로
불이에 들어간다는 뜻입니다."

낙실(樂實)보살이 말했다.

"진실과 허위를 둘이라고 합니다. 하지
만 진실에 도달한 자라도 정작 진실의 본
질을 보지 못하거늘 하물며 허위를 어찌
알겠습니까? 왜냐하면 진실의 본질을 보
는 자는 단순히 몸의 눈으로 보는 것이

256

아니라 지혜의 눈으로 보는 것이며 그것
은 그냥 보는 것이 아니라 볼 대상이 없
는 것을 보기 때문입니다. 이와 같이 보
는 이도 볼 대상도 없는 그것이 바로 불
이에 들어간다는 뜻입니다."

유마거사의 침묵

　말을 모두 마친 보살들이 이번에는 문
수보살을 향해 물었다.
　"문수보살이시여, 그대의 경우는 보살
이 불이의 법문으로 들어간다는 말을 어
떻게 생각하시는지요?"
　문수보살이 답했다.
　"그대들의 말씀은 모두 옳습니다만, 거
기에는 아직도 둘이라는 찌꺼기가 남아
있습니다. 어떠한 것도 논하지 않고 말로

써 이야기할 수 있는 것도 아니고, 설하
며 나타내 보이는 것도 아니며, 설하지
않는다는 것도 말하지 않는 그것이 바로
불이에 들어간다는 뜻입니다."

　이때 문수보살이 유마거사에게 넌지시
물었다.

　"우리들 생각은 이러합니다만, 거사께
서는 과연 어떤 생각을 가지고 있는지 말
씀해 주실 수 있겠습니까?"

　하지만 유마거사는 입을 다문 채 그저
잠자코 있을 뿐이었다.

　문수보살은 대뜸 유마거사를 칭송하기 시
작하였다.

　"정말로 훌륭하십니다. 이야말로 보살
이 불이의 법문에 들어가는 도리이니 거
기에는 실로 문자도 없고 말도 없으며 마
음의 움직임도 없습니다."

이 같은 말을 듣고 5천 명의 보살들이 그 자리에서 불이의 법문에 들어가 어떤 것도 생겨나지 않는다는 무생법인을 깨달았다.

제10장 향적여래의 공양
(香積佛品)

사리불의 의문

이러한 가운데 사리불은 생각하기를 점심때가 다 되었는데도 이 많은 보살들이 자리를 뜨려 하지 않는다. 이들은 도대체 무엇으로 식사를 하려는 것일까?

마침 유마가 사리불의 마음을 꿰뚫어 보고 이렇게 말했다.

"사리불이시여, 여래께서는 일찍이 팔

해탈[139]을 설하셨고 그대는 이를 실천하
고 있습니다만 마음 속에 밥 생각만 가득
한 채 법을 듣고자 하니 이것은 옳지 않
은 일입니다. 하지만 조금만 기다리시면
지금까지 먹어보지 못한 식사를 대접해
드리겠습니다."

유마는 곧 삼매에 들어 저 보살과 성문
들의 눈앞에 다음과 같은 광경이 비치도
록 신통력을 부렸다.

이 불국토에서 다시 위쪽으로 42항하사
의 불국토를 지난 곳에 모든 향 가운데 가
장 뛰어난 향이라는 이름을 가진 일체묘향
국(一切妙香國)이라는 불국토가 있는데 거
기에는 향적(香積)여래가 머무르고 계셨다.

그 나무숲의 향기는 시방의 불국토에
사는 모든 사람과 신들이 뿜어내는 향기
보다 훨씬 뛰어난 것이었다. 이 세계에서

는 눈을 씻고 보아도 성문이나 독각을 찾아볼 수 없고 향적여래는 오직 보살들만을 향해 법을 설하고 계셨다.

그곳에 있는 모든 누각에서는 향기가 진동하며 그 밖에 경행장(經行場)과 정원과 궁전도 온통 향기에 휩싸여 있었다. 게다가 그들이 먹는 밥의 향기는 다른 무수한 세계에까지 널리 미치었다.

그때 마침 향적여래는 보살들과 함께 공양을 하고 계셨다. 그 자리에는 대승에 깊이 귀의한 향엄천신이 세존과 보살들의 시중을 들고 있었다. 유마가 보여준 것은 바로 이 같은 광경이었다.

공양을 구해 오다

돌연 유마가 보살들에게 말했다.

"저 불국토에 가서 공양을 구해 올 수 있는 분 혹시 안 계십니까?"

하지만 문수의 신통력 때문인지 보살들 가운데 정작 누구도 선뜻 입을 여는 이가 없었다.

유마가 문수에게 말했다.

"그대의 도반들이 겨우 이 정도라니 부끄럽다는 생각이 안 드십니까?"

문수가 답했다.

"아직 배움이 부족한 이들을 얕보아서는 안 된다고 부처님께서 말씀하지 않으셨던가요?"

그러자 유마는 보살들이 지켜보는 가운데 앉은 자리에서 하나의 보살 화신(化身)을 만들어냈다. 그 몸은 금빛으로 찬란하게 빛났고 게다가 훌륭한 상호로 장식되어 있었다. 보살들의 모습이 무색할 정도로 그것은 아름답기 그지없었다.

그 화신보살을 향하여 유마는 다음과
같이 말했다.

"선남자여, 그대가 이제 저 위로 42만
항하사를 헤아리는 불국토를 지나면 일체
묘향국이라는 세계에 닿을 것인데 그곳에
는 지금 향적여래께서 공양을 하고 계실
것이다. 먼저 여래의 발에 예를 올린 뒤
다음과 같이 여쭙도록 하라.

'유마는 감히 세존의 두 발에 백 번 천
번 머리 조아리며 문안 여쭙습니다. 아프
시거나 불편하신 데 없이 여전히 건강하
시고 기력이 좋으시고 상쾌하고 가뿐하고
늘 기분이 좋으신지요? 다름 아니라 혹시
여래께서 드시고 남은 음식이 있으면 저
에게 나누어 주십사 해서입니다. 그렇게
해주시면 저 사바세계[140]에까지 부처님의

교화가 널리 미치리라고 생각합니다. 그리고 작은 법을 믿고 따르는 중생에게 더 큰 법에 대한 믿음이 일어나리라고 생각합니다. 그리하여 여래의 명성이 마침내 멀리까지 들리게 되리라고 생각합니다'라고."

유마의 명을 받은 화신보살은 "잘 알겠습니다"라는 말과 함께 머리를 위로 향하더니 보살들의 앞쪽을 휙 스치듯 날아올랐다. 하지만 그 속도가 어찌나 빠른지 보살들 가운데 그 모습을 본 이가 아무도 없었다.

이윽고 일체향세계에 도착한 화신보살은 곧 향적여래를 찾아 지극한 예를 올리고 나서 다음과 같이 여쭈었다.

"여래시여, 보살 유마는 감히 여래의 두 발에 머리 조아려 예를 올리면서 혹시 편찮으신 데 없이 여전히 건강하시고 기력

이 좋으시며 상쾌하고 가뿐하고 늘 기분
이 좋으신지 문안 여쭙습니다. 그리고 여
래의 두 발에 거듭 백 번 천 번 예를 올리
면서 다시 한 번 여쭙습니다. 다름아니라
혹시 여래께서 드시고 남은 음식이 있다
면 저에게 나누어 주십사 해서입니다. 그
렇게 해주시면 저 사바세계에까지 부처님
의 교화가 널리 미치리라고 생각합니다.
그리고 작은 법을 믿고 따르는 중생에게
더 큰 법에 대한 믿음이 일어나리라고 생
각합니다. 그리하여 여래의 명성이 마침내
멀리까지 들리게 되리라고 생각합니다."

   그때 일체묘향세계의 보살들은 저 화신
보살의 총명한 눈빛을 보고 향적여래를
향하여 "이같이 위대한 사람이 온 곳은
어디입니까? 사바세계는 어디에 있습니
까? 작은 법을 믿는다는 말은 무슨 뜻입

니까?"라는 질문을 올렸다.

여래께서 답하셨다.

"이 불국토로부터 아래쪽으로 42만 항하사의 불국토를 지닌 곳에 사바세계가 있으며 그곳에서는 석가모니라는 이름의 여래가 오탁(五濁)[141]이 한창인 가운데에서 작은 법을 믿는 중생들을 향해 가르침을 베풀고 있느니라.

그곳에 한 보살이 있는데 불가사의해탈에 든 가운데 보살들에게 법을 설하고 있으니 그가 곧 유마이다. 그는 나의 명성을 높이 드날리고 이 불국토를 찬양하며 또한 저 보살들의 선근을 더욱 빛내기 위해 바로 이 화신보살을 여기에 보낸 것이니라."

다시 보살들이 여쭈었다.

"여래시여, 이 화신보살은 신통력도 엄

청난 데다가 두려움마저도 없습니다. 이러한 화신을 만들어낸 보살은 도대체 얼마나 위대한 분이십니까?"

향적여래께서 답하셨다.

"시방의 모든 불국토에 화신을 보내어 그들로 하여금 모든 불국토의 중생에 대해 여래의 뜻을 완수하도록 할 정도로 저 보살은 위대하느니라."

향적여래는 곧 온갖 향기가 진동하는 발우 속에 온갖 향기가 배어든 음식을 가득 담아 화신보살에게 건네 주었다.

이 광경을 지켜보고 있던 9백만이나 되는 그곳의 보살들은 문득 사바세계에 가 보고 싶은 생각에 향적여래를 향하여 다음과 같이 여쭈었다.

"여래시여, 저희들도 함께 사바세계에 가서 석가모니여래를 뵙고 예배 공양을

올린 다음 저 유마를 비롯한 다른 보살들
도 아울러 만나보고 싶습니다."

향적여래께서 답하셨다.

"지금이 적당한 기회라고 생각된다면
얼마든지 가도 좋다. 하지만 그곳 사람들
은 향기에 취하여 스스로 타락하기 쉬우
므로 향기를 발하는 일은 삼가라. 사바세
계의 사람들은 쉽게 부러움을 느껴 위축
되기 쉬우므로 그대들의 본래 모습을 드
러내지 마라. 또한 그곳에 가게 되면 경
멸하는 마음이나 혐오하는 생각을 일으키
지 마라. 왜냐하면 불국토는 곧 허공과
같기 때문이며 아울러 사람들을 성숙시키
기 위해 제불 세존은 정작 여래의 뛰어난
경지를 한꺼번에 내 보이시지 않기 때문
이니라."

그리하여 저 화신보살은 공양을 손에

들고 9백만의 그곳 보살들과 함께 여래의
신통력과 유마의 능력에 의지해 눈깜짝할
사이에 일체묘향국에서 사라져 유마의 집
에 닿았다.

향기로운 공양

유마는 곧 신통력을 부려 이전의 것과
똑같은 모양의 사자좌 9백만 개를 마련하
여 일체묘향국의 보살들을 거기에 앉도록
했다. 이어서 화신보살이 음식이 가득한
발우를 유마에게 건네 주었는데 밥에서
나는 향기는 곧 바이샬리 성뿐만 아니라
멀리 삼천대천세계에까지 퍼져나갔다.

바이샬리 성 안의 바라문과 거사들, 그
리고 릿차비족의 우두머리인 월개 등이
그 냄새를 맡았다. 이들은 그 향기가 일

찍이 경험하지 못한 미묘한 것이라고 크게 찬탄하면서 왠지 몸도 마음도 깨끗해진 것 같은 기분으로 8만 4천의 릿차비 사람들과 함께 유마의 집을 찾았다.

거기에서 그들은 아득히 높고 널찍한 걸상 위에 보살들이 방안을 가득 채우고 앉아 있는 광경을 목격하고 문득 두터운 믿음이 일어나면서 커다란 기쁨에 감싸였다. 그들은 곧 저 대성문들과 대보살들에게 예를 올린 다음 한켠으로 가 앉았다. 땅에 사는 신들과 욕계와 색계에 속하는 신들 역시 그 향기에 이끌려 유마의 집에 속속 도착하였다.

그때 유마가 사리불을 비롯한 대성문들에게 말했다.

"여러 대덕이시여, 여래의 자비로운 향기가 배어든 감로 맛의 공양을 들어보십시오. 하지만 부디 왜소한 생각일랑은 거두어주십시오. 그렇지 않으면 주어진 밥을 좀처럼 소화시킬 수가 없을 것입니다."

그때 한 성문이 이렇게 적은 음식을 이토록 많은 사람들이 어떻게 모두 나누어 먹을 수 있다는 말인가 하고 고개를 갸우뚱거렸다.

화신보살이 성문들을 향해 말했다.

"장로들이여, 그대들의 왜소한 지혜와 덕을 감히 여래의 위대한 지혜와 덕에 비교하지 마십시오.

설령 사해(四海)의 바닷물이 모두 말라붙을지언정 여기에 있는 음식이 바닥나는 일은 결코 없을 것입니다. 설령 모든 중생에게 주먹밥 하나씩을 만들어 먹인 것이 수미산만한 높이에 이르고 아울러 그러한 일이 한 겁 동안 계속된다 해도 결

272

코 이 음식이 바닥나는 일은 없을 것입니다. 왜냐하면 여래께서 드시고 남은 음식은 정작 다함이 없는 계율과 지혜와 선정으로부터 이루어진 것이어서 행여 그것이 바닥난다는 것은 생각할 수조차 없는 일이기 때문입니다."

그곳에 있던 무수한 대중들은 곧 공양을 하기 시작하였으며 배불리 먹지 않은 사람은 한 사람도 없었다. 하지만 밥의 양은 조금도 줄어들지 않았다. 게다가 공양을 마친 보살과 성문과 제석천, 범천, 사천왕과 그 밖의 모든 이들은 한결같이, 저 온갖 안락함으로 장식되어 있는 일체락장엄국(一切樂莊嚴國)의 보살들이 향수하고 있는 것과 똑같은 안락함을 몸으로 직접 느낄 수가 있었다. 동시에 그들의 모든 털구멍에서는 저 일체묘향국의 나무

숲이 뿜어내는 것과 똑같은 향기가 감돌
아 나왔다.

향기에 의한 설법

유마는 곧 몸가짐을 단정히 한 다음 향적
여래의 불국토에서 온 보살들에게 물었다.
"선남자여, 향적여래의 설법은 어떠한
것인지 말씀해 주실 수 있겠습니까?"
보살들이 답했다.
"저 여래께서는 결코 문자나 말을 의지
하여 법을 설하는 일이 없습니다. 바로
미묘한 향으로써 법을 설하시기 때문입니
다. 저희들이 향나무 아래에 앉아 있으면
그곳에서 갖가지 향이 풍겨나옵니다. 그
향기를 들이마신 보살들은 곧 일체덕장삼
매(一切德藏三昧)에 드는 것과 동시에 보살

의 모든 덕을 갖추게 됩니다."

자상한 가르침에 의한 설법

일체묘향국의 보살들이 유마에게 물었다.
"이곳 석가모니여래의 설법은 어떠한
것인지 말씀해 주실 수 있겠습니까?"

유마가 답했다.

"선남자여, 이곳 중생들은 교화하기가
여간 어렵지 않습니다. 따라서 그들을 교
화하는 데에는 나름대로 적절한 가르침을
베풀지 않으면 안 됩니다. 다음과 같은
것이 바로 감당하기 어려운 이곳 중생들
을 교화하는 데에 필요한 가르침입니다.

여기에 지옥이 있다. 이것은 축생의 세
계이고, 이것은 사신(死神)의 세계이고, 이
것은 불행한 태어남이고, 이것은 불구로

서 태어나는 것이다. 이것은 우리 몸의
악한 행위, 이것은 우리 몸의 악한 행위
에 대한 과보, 이것은 입의 악한 행위, 이
것은 입의 악한 행위에 대한 과보, 이것
은 마음의 악한 행위, 이것은 마음의 악
한 행위에 대한 과보이다.

이것은 죽이는 것이고, 이것은 훔치는
것이고, 이것은 그릇된 음행이고, 이것은
거짓말이고, 이것은 이간질이고, 이것은
헐뜯는 것이고, 이것은 희롱하는 것이고,
이것은 탐욕이고, 이것은 노여움이고, 이
것은 어리석음이고, 이것은 그 모두에 대
한 과보이다.

이것은 인색함이며, 이것은 그 과보이
다. 이것은 계율을 어기는 것이고, 이것은
노여움이고, 이것은 게으름이고, 이것은
게으름의 과보이다. 이것은 잘못된 지혜

이고, 이것은 그 과보이다.

이것은 배워야 할 것에 어긋나는 일이다. 이것은 바라제목차[142]이다. 이것은 해야 할 일이고, 이것은 하지 말아야 할 일이다. 이것은 적당하다. 이것은 그쳐야 한다. 이것은 장애이고, 이것은 장애가 아니다. 이것은 죄이고, 이것은 죄가 아니다. 이것은 도이다. 이것은 악한 도이다. 이것은 선이고, 이것은 선이 아니다. 이것은 비난받을 일이고, 이것은 비난받을 일이 아니다.

이것은 번뇌의 분출[有漏]이고 이것은 번뇌의 분출이 아니다[無漏]. 이것은 세간의 것이고 이것은 세간을 초월한 것이다. 이것은 유위이고, 이것은 무위이다. 이것은 오염된 것이고, 이것은 청정한 것이다. 이것은 윤회이고, 이것은 열반이다.

이와 같이 온갖 것에 대하여 자상하게 가르침으로써 마치 야생마와 같은 중생들의 마음을 평안하게 가라앉히는 것입니다. 감당하기 어려운 말[馬]이나 코끼리는 적절하게 매를 때려서 길들이듯이 감당하기 어려운 중생들은 자상하고 간절한 가르침으로 바르게 고치지 않으면 안 되는 것입니다."

일체묘향국의 보살들이 말했다.

"저 석가모니여래께서 짐짓 여래로서의 위대성을 숨기신 채 열악하고 빈곤하여 차마 감당하기 어려운 중생들을 교화하기 위해 이렇게 애쓰시다니 참으로 보기 드문 일입니다. 아울러 이와 같이 마땅치 않은 국토에 기꺼이 머물고 있는 보살들의 위대한 자비심 또한 가히 헤아릴 길이 없겠습니다."

유마가 이에 화답했다.

"선남자여, 말씀하신 그대로입니다. 이 곳에 태어난 보살들의 대자비는 실로 견고합니다. 그들은 이곳에 단지 한 번 밖에 나지 않았는데도 중생들에게 베푼 이익은 여간 크지가 않습니다. 하지만 저 일체묘향국에서라면 설령 백천 겁에 걸쳐 환생한다고 해도 그렇게 많은 이익을 베풀 수는 없을 것입니다.

그 까닭은 다음과 같습니다.

이 사바세계에는 선을 쌓는 열 가지 길이 있어서 그것이 세상을 지켜줍니다. 이 것은 다른 불국토에서는 찾아볼 수가 없습니다. 그 열 가지란 다음과 같습니다.

첫째, 가난한 이들은 보시를 베풀어 가까이합니다.

둘째, 파계한 이들은 계율을 지님으로

써 가까이합니다.

셋째, 성을 잘 내는 이들은 인내로써 가까이합니다.

넷째, 게으른 이들은 정진으로써 가까이합니다.

다섯째, 마음이 어지러운 이들은 선정으로써 가까이합니다.

여섯째, 어리석은 이들은 지혜로써 가까이합니다.

일곱째, 불행하게 태어나는 이들에게는 그로부터 벗어나도록 여덟 가지 방법을 가르쳐 줍니다.

여덟째, 작은 것을 좋는 이들에게는 대승을 가르쳐 줍니다.

아홉째, 아직 선근을 닦지 않는 이들에게는 선근으로써 가까이합니다.

열째, 사섭법으로 끊임없이 중생들을

성숙시켜 줍니다.

이것이 바로 선을 쌓는 열 가지 길입니다. 이것은 오직 이 세상에만 있을 뿐 다른 불국토에서는 찾아볼 수 없습니다."

일체묘향국의 보살들이 물었다.

"이 사바세계에서 아무런 잘못 없이 살다가 죽은 뒤에 다른 청정한 불국토에 태어나기 위해서 보살은 어떠한 법을 가까이해야 합니까?"

유마가 답했다.

"여덟 가지 법을 가까이하게 되면 보살은 이 사바세계에서 아무런 잘못 없이 살다가 다른 청정한 불국토에 태어날 수 있습니다.

그 여덟 가지란 다음과 같습니다.

첫째, 모든 중생들에게 이익을 주면서도 정작 그들로부터 아무런 이익도 바라서는 안 됩니다.

둘째, 모든 사람의 고통을 대신 짊어지면서도 정작 이러한 일로 쌓은 공덕은 그들에게 다시 돌려주어야 합니다.

셋째, 어떤 사람이라도 미워해서는 안 됩니다.

넷째, 모든 보살들을 스승으로 생각하고 기꺼이 따라야 합니다.

다섯째, 이미 들었거나 혹은 한 번도 들은 적이 없는 법을 접하고 나서도 그것을 의심해서는 안 됩니다.

여섯째, 다른 사람의 이익은 시기하지 않고 자신의 이익은 뽐내지 않습니다.

일곱째, 자신의 잘못은 깊이 뉘우치고 다른 사람의 잘못은 입에 담지 않습니다.

여덟째, 사람들이 방종하지 않는 것을 기뻐하고 그 모든 덕을 스스로 받아들입니다.

이상의 여덟 가지 일을 실천하게 되면
보살은 이 사바세계에서 아무런 잘못 없
이 살다가 다른 청정한 불국토에 태어날
수 있습니다."
　문수와 유마 사이에 오고간 이 같은 설
법을 듣고 십만 명에 이르는 사람들이 그
자리에서 위없는 바른 깨달음에 대해 크
게 발심하였다. 나아가 일만 명에 이르는
보살들은 따로 무생법인을 얻었다.

제11장 보살의 행
(菩薩行品)

암라팔리 숲터의 설법

그때 세존께서는 암라팔리 숲터에서 설법을 하고 계셨다.

그때였다. 사방이 갑자기 크게 넓어짐과 동시에 그곳에 있던 사람들의 모습이 모두 금빛으로 빛나는 것이었다.

아난다가 곧 세존께 여쭈었다.

"세존이시여, 암라팔리 숲터가 이렇게

크게 넓어진 것과 사람들이 모두 금색으로 빛나는 것은 어떤 이유에서입니까?"

세존께서 답하셨다.

"아난다여, 이것은 문수와 유마 두 사람이 존경하는 많은 사람들에 둘러싸여서나 여래를 찾아올 징조이니라."

마침 유마가 문수에게 권했다.

"문수보살이시여, 여기 이 사람들과 함께 여래를 찾아뵙고 예배를 올리는 것이 어떻겠습니까?"

문수가 답했다.

"선남자여, 지금이 알맞은 때라고 생각한다면 같이 가도록 합시다."

그러자 유마는 곧 신통력으로 그곳에 있던 모든 사람들을 사자좌에 앉은 채로 오른손 위에 올려놓은 다음 세존이 계신 장소에 이르러 그들을 모두 땅 위에 내려

놓았다. 그리고 세존의 두 발에 머리 조
아려 예배를 올린 다음 그 주위를 오른쪽
으로 일곱 바퀴 돌고 나서 한켠에 가 앉
았다. 일체묘향국에서 온 보살들도 서둘
러 사자좌에서 내려와 세존의 두 발에 머
리 조아려 예배하고 합장한 다음 한켠에
가 앉았다. 그 외의 위대한 보살들과 대
성문들도 모두 사자좌에서 내려와 세존의
두 발에 예배를 올린 다음 한켠에 가 앉
았다. 제석천과 범천과 사천왕과 천신들
도 모두 세존의 두 발에 머리 조아려 예
배하고 한켠에 가 앉았다.

　세존께서 곧 법어(法語)로써 이들 보살
을 위로한 다음 각자 자리에 앉는 것이
좋겠다고 말씀하셨다.

　보살들은 다시 사자좌로 돌아갔다.

　이때 세존께서 사리불에게 이르셨다.

"사리불이여, 그대는 중생들 가운데 가장 뛰어난 이들인 보살의 신통력을 똑똑히 보았는가?"

사리불이 답했다.

"예, 보았습니다."

"어떠한 생각이 들던가?"

"세존이시여, 그것을 보고 저는 불가사의하다고 생각했습니다. 보살들의 신통력은 실로 이루 헤아릴 수 없을 만큼 불가사의합니다."

향식(香食)의 소화

그때 아난다가 세존께 여쭈었다.[143]

"세존이시여, 한 번도 맡아본 적이 없는 이 향은 도대체 어디에서 나는 것입니까?"

세존께서 이르셨다.

"아난다여, 그것은 저 보살들의 모든 털구멍에서 풍겨나오고 있다."

사리불도 한 마디 했다.

"아난다여, 우리 몸의 털구멍에서도 똑같은 향기가 풍겨나오고 있습니다."

아난다가 물었다.

"그것은 어찌 된 일입니까?"

사리불이 답했다.

"조금 전에 유마거사가 저 향적여래의 일체묘향국으로부터 공양을 구해왔는데 그 음식을 먹은 사람들의 털구멍에서 한결같이 이렇게 향기가 납니다."

아난다는 다시 유마를 향해 질문을 던졌다.

"이 향기는 얼마나 오래갑니까?"

유마가 답했다.

"먹은 것이 다 소화될 때까지입니다."

"먹은 것이 다 소화되는 데에는 얼마나 걸립니까?"

"7주일이 걸립니다. 그 뒤의 7일 동안은 안색이 좋아집니다. 이렇게 시간이 오래 걸려도 몸에는 아무런 해가 없습니다.

아난다여, 궁극의 경지에 아직 이르지 못한 비구가 이 음식을 먹으면 그가 궁극의 경지에 도달해야만 비로소 소화가 됩니다. 이미 그러한 경지에 이른 사람이 그 음식을 먹으면 그 마음이 온전한 해탈에 도달해야만 비로소 그것은 소화가 됩니다.

아직 깨달음에 대해 발심하지 않은 사람이 그 음식을 먹으면 그 사람이 발심할 때 비로소 그것은 소화가 됩니다. 이미 발심한 사람이 그 음식을 먹으면 그 사람이 무생법인을 얻어야 비로소 그것은 소화가 됩니다. 무생법인을 얻은 사람이 그

음식을 먹으면 그 사람이 일생보처보살이
될 때 비로소 그것은 소화가 됩니다.

아난다여, 예를 들어 구미(具味)라는 이
름의 명약을 먹었을 때 모든 독이 소멸되
지 않는 한 그 약은 소화되지 않으며 독
이 모두 소멸되어야 비로소 그것도 소화
가 됩니다. 마찬가지로 번뇌라는 모든 독
이 소멸되지 않는 한 이 음식은 소화되지
않으며 번뇌가 모두 소멸되어야만 비로소
그것도 소화가 되는 것입니다."

이에 아난다가 세존께 여쭈었다.

"세존이시여, 그 음식은 부처님과 똑같
은 역할을 하고 있습니다."

여래의 역할

세존께서 이르셨다.

"아난다여, 그대가 말한 그대로이다.

아난다여, 보살이 여래의 역할을 하는 불국토가 있다. 광명이 여래의 역할을 하는 불국토가 있다. 보리수가 여래의 역할을 하는 불국토가 있다. 여래의 상호를 보는 일이 여래의 역할을 하는 불국토도 있다. 의복이 여래의 역할을 하는 불국토도 있다.

이와 마찬가지로 어느 곳에서는 음식이 여래의 역할을 하며 더러는 강이, 숲터가, 궁전이, 누각이 여래의 역할을 하는 경우도 있다. 아난다여, 술법으로 만들어진 사람이 여래의 역할을 하는 그러한 불국토도 있다. 아난다여, 허공이 여래의 역할을 하는 그러한 불국토도 있다. 마찬가지로 커다란 공간이 여래의 역할을 하기도 한다.

바로 이 같은 일을 통해서 중생은 바르게 인도되는 것이다.

아난다여, 마찬가지로 꿈이나 그림자나 물 속의 달이나 메아리, 허깨비, 아지랑이의 비유 및 문자와 어원 등에 대한 설명을 통하여 사람들에게 여래와 같은 역할을 하는 경우도 있다. 어느 경우에는 말로 드러내서 여래와 같은 역할을 하는 경우도 있다. 또한 어느 경우에는 말로써 이야기하지 않고 설하지 않고 나타내 보이지 않음으로써 사람들에게 여래와 같은 역할을 하여 청정해진 불국토도 있다.

아난다여, 불타 세존의 행주좌와(行住坐臥) 및 일용품과 도구 등이 정작 여래와 같은 역할을 하였으며, 사람들을 인도하지 않은 적은 한 번도 없었다. 나아가 제불세존은 사람들을 괴롭히는 네 가지 마(魔)와 8만 4천 번뇌의 문이라는 것조차 여래와 같은 역할을 보이도록 자유자재로

쓰는 것이다.

아난다여, 이것이 바로, 모든 부처님의
특성을 갖춘 문에 들어간다라는 이름의
법문인 것이다. 이 법문에 이미 들어선
보살은 설령 위대한 덕으로 꾸며져 있지
않은 오염된 불국토를 만나더라도 전혀
의기소침해지는 일이 없다. 반대로 설령
모든 위대한 덕으로 꾸며져 있는 청정한
불국토를 만나더라도 기뻐하거나 뽐내는
일 없이 오직 여래에 대한 존경심만 더해
갈 뿐이다.

모든 존재의 평등성을 깨달은 제불세존
이 사람들의 근기를 성숙시키기 위해 이
와 같이 온갖 불국토를 나타내 보이시는
것은 여간 놀라운 일이 아닐 수 없다.

아난다여, 이들 불국토의 모습은 비록
서로 다르지만 그 위를 덮고 있는 하늘이

나 허공에는 아무런 차이도 없다. 마찬가지로 눈에 보이는 여래들의 모습은 비록 서로 다르지만 막힘이 없는 여래의 앎에는 아무런 차이가 없다.

아난다여, 모든 여래의 모습과 빛깔과 신체와 상호와 고귀한 탄생과 계율과 선정과 지혜와 해탈했음을 아는 것과 열 가지 능력과 네 가지 두려움 없음과 그 외의 여래의 특성과 커다란 자애심과 커다란 동정심과 이익을 베풀고자 하는 마음과 행주좌와의 수행과 도와 오랜 수명과 설법과 사람들을 성숙시키는 일과 사람들을 해탈시키는 일과 불국토를 청정하게 하는 일 등은 일체의 불법을 완성한다는 의미에서 보아 서로 아무런 차별이 없다. 그러기에 온전히 깨달은 이라고 말하며 여래라고 부르며 불타라고 칭하는 것이다.

아난다여, 이 세 가지 말의 깊은 뜻은 설령 그대의 수명이 한 겁에 이른다고 해도 쉽사리 이해할 수가 없으리라. 또한 삼천대천세계에 속한 중생들이 그대만큼 많이 듣고 기억이 좋으며 다라니를 얻은 이들 가운데 가장 뛰어난 사람들이라 할지라도, 아니 그대와 똑같은 사람들이라 할지라도 온전히 깨달은 이와 여래와 불타라는 이 세 가지 말을 제대로 이해하는 데에는 무려 한 겁이 다해도 어려울 것이다.

아난다여, 여래의 깨달음은 이와 같이 한량없으며 여래의 앎과 변재에는 쉽게 헤아릴 수 없는 것이 숨어 있다."

그러자 아난다가 세존께 여쭈었다.

"세존이시여, 그렇다면 오늘부터 저는 다문제일(多聞第一)이라는 저의 별칭을 버리도록 하겠습니다."

세존께서 이르셨다.

"아난다여, 그렇게 의기소침해지지 마라. 왜냐하면 내가 그대를 다문제일이라고 부른 것은 단지 성문들 가운데에서 그러하다는 것이지 정작 보살들과는 아무런 상관도 없기 때문이다. 아난다여, 보살들이 다문인 것은 새삼 말할 것도 없으며 아무리 앎이 많은 사람일지라도 그들을 금방 헤아리기란 여간 어려운 일이 아니다.

아난다여, 보살이 하는 일에 대해서라면 그대는 차라리 침묵하고 있는 편이 나으리라. 왜냐하면 이곳의 모든 성문과 독각들이 설령 백천 겁 동안 신통력을 부린다고 해도 유마가 단지 아침나절에 보였던 신통력에도 따라갈 수가 없을 것이기 때문이다."

법어를 선물하다

그러자 일체묘향국에서 온 보살들이 하나같이 석가모니여래에게 합장 배례하면서 이렇게 여쭈었다.

"세존이시여, 저희가 처음 사바세계에 왔을 때는 한결같이 이곳을 경멸하는 마음을 품고 있었지만 이제 그러한 생각을 버리고자 합니다. 왜냐하면 제불세존의 드높은 경지와 절묘한 방편 가운데에는 저희가 미처 헤아릴 수 없는 바가 있기 때문입니다. 일체 중생을 성숙시키기 위해 사람들이 원하는 것을 살펴어 서로 다른 국토를 드러내 보이시는 일이 바로 그것입니다.

세존이시여, 저희는 이제 일체묘향국으로 돌아갑니다만 이후에도 세존을 계속

기억할 수 있도록 훌륭한 법어를 주시기
바랍니다."

세존께서 이르셨다.

"다함과 다함 없음이라 불리는 보살의
해탈이 있으니 그대들에게는 이것이 적당
하리라 생각한다. 그것은 무엇인가?

다함이란 유위가 모두 멸하는 것을 말
한다. 다함 없음이란 무위에 멸함이 없는
것을 말한다. 하지만 보살은 정작 유위가
모두 멸하지 않도록 하며 그렇다고 무위
가운데 스스로 안주하지도 않는다.

유위가 모두 멸하지 않도록 한다는 것
은 어떤 것일까?

보살은 먼저 커다란 자애심으로부터 물
러서지 않으며, 동시에 커다란 동정심을
쉽사리 버리지도 않는다. 깊은 서원을 품
어 여래의 일체지를 얻으려는 마음을 한

시도 잊지 않으며 사람들의 근기를 성숙
시켜 도 닦는 일을 싫증내지 않도록 한다.
사섭법을 버리지 않으며, 진실한 법을
깨닫기 위해서라면 신명을 아끼지 않는
다. 선근을 쌓고 악한 일을 버리며 훌륭한
회향을 염두에 둔다. 법을 구하는 데에 게
으르지 않으며, 법을 설하는 데에 망설임
이 없다. 여래를 뵙고 공양 올리는 일에
애쓰며 기꺼이 생사윤회 가운데에 뛰어들
어 태어나는 것을 두려워하지 않는다.

영광과 치욕 속에 있어도 교만과 비굴
을 모른다. 배우지 못한 이를 경멸하지 않
으며, 학자에 대해서는 스승처럼 공경한
다. 번뇌가 들끓는 이는 도리에 따라 바로
이끈다. 한적함을 즐기지만 그것에 빠지
지는 않는다. 자신만의 행복에 집착하지
않으며 타인의 행복을 소중히 여긴다.

선정과 삼매와 명상에 탐닉하지 않고 이를 무간지옥처럼 여긴다. 생사윤회는 놀이터나 열반인 듯 생각하며 재물을 구걸하는 사람들을 좋은 벗으로 생각한다. 모든 소유물을 그들에게 건네주고 오로지 여래의 일체지를 깨닫고자 생각한다. 파계한 이에 대해서는 그를 구원하고자 생각한다. 여섯 가지 바라밀을 부모라 여기고 37조도품은 주인을 섬기는 하인으로 여긴다.

모든 선근을 쌓고 악한 일은 버리며 모든 불국토의 덕을 자신의 국토에서도 완성하고자 한다. 상호를 원만히 하기 위해 무차대회[144]를 베푼다. 일체의 악을 버려 몸과 입과 마음을 아름답게 한다. 몸도 말도 청정하고 마음까지도 청정하기에 무수한 겁에 걸쳐 얼마든지 윤회 가운데 머물 수 있다. 마음이 굳건하기 때문에 여래의 무한한 덕을 듣고도 의기소침해지지 않는다.

번뇌라는 적을 무찌르기 위해 지혜라는 날카로운 칼을 손에 잡는다. 일체 중생의 무거운 짐을 덜어주기 위해 온(蘊)과 계(界)와 처(處)를 모조리 파악한다. 마군을 쳐부수기 위해 정진의 불꽃을 드날린다. 교만한 마음을 씻어내기 위해 바른 앎을 구한다. 법을 잘 알고 있기에 욕심이 없어지고 가난해지는 것에 만족한다.

세상의 모든 사람들을 기쁘게 해주기 위해 세속적인 것들을 분별 없이 추구하지 않는다. 세상에 어울려 살기 위해서는 어떠한 행주좌와도 소홀히 하지 않으며 모든 도리를 바로 보여 주기 위해서는 신통력을 일으킨다. 들은 것을 모두 기억하기 위해 다라니와 기억력과 지력(知力)을 가진다. 사람들의 의문을 모두 풀어주기 위해 그들의 총명한 근기를 가지고 있는지 아닌지를 꿰뚫어 본다. 법을 설함에 있어서는 여래의 가피력이 막힘 없이 미치도록 한다. 뛰어난 영감을 얻어 설법에 임하므로 변재에 걸림이 없다.

십선업도를 깨끗이 하여 신과 인간들로부터 복을 받는다. 사무량심을 일으켜 범천의 도에 머문다. 설법을 구하고 그것을 즐기며 칭송하는 까닭에 여래의 목소리를 얻는다. 몸과 말과 마음을 잘 다루어 한층 높이 나아가며 어디에도 집착하지 않기에 불타와 똑같은 행주좌와를 얻는다. 보살의 무리를 이끌어 대승으로 들어간다. 모든 덕을 잃지 않고 방종하지도 않는다.

선남자들이여, 바로 이와 같이 정진함으로써 보살은 짐짓 유위가 모두 멸하지 않도록 하는 것이다.

무위에 안주하지 않는다는 것은 어떤 것일까?

보살은 모든 공(空)을 깨닫기 위해 수행을 쌓지만 그것을 지금 당장 실현하여 거기에 안주하고자 하지는 않는다. 마찬가지로 무상(無相)과 무원(無願)과 무작(無作)을 얻기 위해 수행을 쌓지만 그것을 지금 당장 실현하여 거기에 안주하고자 하지는 않는다.

모든 것이 덧없는 줄 잘 알지만 선근을 쌓는 일에 싫증을 내지는 않는다. 모든 것이 괴로움인 줄 잘 알지만 기꺼이 생사 가운데로 들어간다. 모든 것이 '나'라는 실체를 가지고 있지 않은 줄 잘 알지만 나를 완전히 버리지는 않는다. 열반이 적정한 줄 잘 알지만 짐짓 궁극의 적멸에 안주하지 않는다.

세상을 벗어난 한적함을 잘 알지만 몸과 마음으로 늘 노력하고 실천한다. 머무를 바탕이 없는 줄 잘 알지만 맑고 깨끗한 법이 돌아가는 바탕을 부정하지는 않는다. 생겨남이 없는 줄 잘 알지만 중생의 무거운 짐을 기꺼이 짊어진다. 번뇌 없는 세상을 잘 알지만 기꺼이 윤회를 선택한다. 행할 것이 없는 줄 잘 알지만 중생의 성숙을 위해 기꺼이 행한다.

무아인 줄 잘 알지만 사람들에 대한 자비심을 잃지 않는다. 생이 없는 줄 잘 알지만 성문의 작은 깨달음에 떨어지지는 않는다. 실체가 없으며 주체가 아니며 공허하며 무가치하며 머물 곳이 없는 줄 잘 알지만, 동시에 복덕은 공허하지 않으며 앎 역시 무가치하지 않다는 사실도 잘 안다. 선정에는 알맹이도 있고 만족함도 있으며 다른 것에 의존하지 않는 주체적인 앎으로 관정(灌頂)받아 본질적인 앎을 힘써 추구하며 또한 요의(了意)[145]라는 여래의 종자(種子)를 머물 곳으로 삼는다.

선남자들이여, 이와 같은 법에 대해 믿고 따르는 마음을 가진 보살은 결코 무위에 안주하지도 않고 또한 유위가 모두 멸하지 않도록 한다.

선남자들이여, 보살은 또한 복덕이라는 재산을 쌓기 때문에 무위에 안주하지 않는다. 앎이란 재산을 쌓기 때문에 유위가 모두 멸하지 않도록 한다. 커다란 자애심을 지니고 있기 때문에 무위에 안주하지 않으며, 커다란 동정심을 베풀기 때문에 유위가 모두 멸하지 않도록 한다. 사람들을 성숙시키기 때문에 무위에 안주하지 않으며, 여래의 법을 믿기 때문에 유위가 모두 멸하지 않도록 한다. 여래의 상호를 완성하기 때문에 무위에 안주하지 않으며, 그 일체지를 완성하기 때문에 유위가 모두 멸하지 않도록 한다.

절묘한 방편을 사용하기 때문에 무위에 안주하지 않으며, 깊은 지혜로써 고찰하기 때문에 유위가 모두 멸하지 않도록 한다. 불국토를 청정히 하기 때문에 무위에 안주하지 않으며, 여래의 힘에 의해 초인적인 능력을 발휘하기 때문에 유위가 모두 멸하지 않도록 한다. 사람들에게 이익됨을 즐거워하기 때문에 무위에 안주하지 않으며, 법의 의미를 바르게 설하기 때문에 유위가 모두 멸하지 않도록 한다. 선근을 쌓기 때문에 무위에 안주하지 않으며, 선근의 훈습(薰習)이 남아 있기 때문에 유위가 모두 멸하지 않도록 한다. 서원을 완성하고자 하기 때문에 무위에 안주하지 않으며, 적멸과 열반을 바라지 않기 때문에 유위가 모두 멸하지 않도록 한다.

마음이 청정하기 때문에 무위에 안주하지 않으며 깊은 서원 또한 청정하기 때문에 유위가 모두 멸하지 않도록 한다. 5신통에 능수능란하기 때문에 무위에 안주하지 않으며, 여래의 앎 가운데 6신통이 있다는 점에서는 유위가 모두 멸하지 않도록 한다. 온갖 바라밀다를 충족시키기 때문에 무위에 안주하지 않으며, 마지막까지 가득 채우기 때문에 유위가 모두 멸하지 않도록 한다.

법이라는 보물을 모으기 때문에 무위에

안주하지 않으며, 작은 법은 구하지 않기 때문에 유위가 모두 멸하지 않도록 한다. 법이라는 약을 모으기 때문에 무위에 안주하지 않으며, 도리에 따라 그 약을 쓰기 때문에 유위가 모두 멸하지 않도록 한다. 맹세를 굳게 지키는 까닭에 무위에 안주하지 않으며, 깨어진 맹세를 잘 추스르기 때문에 유위가 모두 멸하지 않도록 한다. 법이라는 약을 잘 조합하기 때문에 무위에 안주하지 않으며, 약을 잘 처방하기 때문에 유위가 모두 멸하지 않도록 한다. 번뇌라는 병을 속속들이 알기 때문에 무위에 안주하지 않으며, 모든 병을 가라 앉히기 때문에 유위가 모두 멸하지 않도록 한다.

보살은 이와 같이 유위가 모두 멸하지 않도록 하고 또한 무위에도 안주하지 않

는다. 이것이 바로 보살의 다함과 다함이
없는 해탈이며 그대들 또한 이를 부지런
히 닦아야 하리라."

　설법을 들은 일체묘향국 보살들은 커다
란 만족과 함께 환희에 차올랐다. 그들은
곧 세존을 찬양하고 또 보살들과 이 법문
을 찬양하기 위하여 온갖 향과 말향(抹香)
과 선향(線香)과 꽃으로 삼천대천세계 전
체를 무릎 높이까지 온통 뒤덮었다. 그리
고 나서 세존의 두 발에 머리 조아려 예
를 올리고 그 주위를 세 번 돌면서 무한
한 찬사를 올린 그들은 순식간에 이 불국
토를 떠나 일체묘향국으로 돌아갔다.

제12장 묘희세계와 부동여래
(見阿閦佛品)

여래를 보다

그때 세존께서 유마에게 이르셨다.

"그대는 여래를 보고자 할 때 어떻게
보는가?"

유마가 답했다.

"세존이시여, 여래를 보고자 할 때 저
는 보지 않는 것으로 봅니다. 세존께서는
정작 과거에 태어나서 지금까지 내려오는

것도 아니고, 미래의 저 끝으로 가는 것
도 아니며, 현재 눈앞에 머물러 있는 것
도 아닙니다.

왜냐하면 여래의 본성은 바로 물질의
있는 그대로의 모습[眞如]이지만 정작 물
질 자체는 아니기 때문입니다. 감각하는
그대로가 진여지만 감각 자체는 아니기
때문입니다. 관념도 실천의지도 의식도
진여지만 정작 그들 자체는 아니기 때문
입니다.

여래는 지수화풍 사계 가운데에는 존재
하지 않으니 마치 허공계와 같습니다. 여
섯 가지 인식의 장(場) 가운데 출현하는
것이 아니며, 눈과 귀와 코와 혀와 몸과
마음의 도를 모두 초월해 있습니다. 욕계
와 색계와 무색계에 속하는 것들과 서로
뒤섞이지 않으며, 탐욕과 노여움과 어리

석음에 물들지 않으며, 3해탈문(三解脫門)을 좇으며 세 가지 앎을 지니고 있습니다.

그것은 얻음이 없이 바르게 얻은 것입니다. 모든 존재에 대한 무집착의 궁극에 도달하였건만 정작 그것은 최고의 진실과 상관이 없으며, 진여 가운데 머물러 있건만 정작 그로부터 멀리 벗어나 있습니다.

원인으로부터 생겨난 것도 아니고 인연에 의한 것도 아니며 상(相) 그 자체도 아니고 상을 가진 것도 아니며 하나의 상이라고 해도 틀리고 특별한 상이라고 해도 맞지 않습니다. 생각의 대상도 아니고 망상이나 분별의 대상도 아닙니다.

저쪽에도 없고 이쪽에도 없으며 그 중간에도 없습니다. 여기에도 없고 저기에도 없으며 그 어느 곳에도 없습니다. 지식으로 구할 수 있는 것도 아니고 지식

312

가운데 있는 것도 아니며 어두움 속에도 없고 광명 속에도 없습니다. 이름도 없고 특징도 없으며 약하지도 않고 강하지도 않습니다. 어느 장소에 있는 것도 아니고 어느 방향에 있는 것도 아니며 선에도 없고 악에도 없으며 유위에도 없고 무위에도 없습니다.

어떤 의미를 담아 이야기할 수 있는 것도 아니고 보시나 인색함으로써, 지계나 파계로써, 인내나 박해로써, 정진이나 게으름으로써, 선정이나 산란으로써, 지혜나 악심(惡心)으로써도 이야기할 수 있는 것이 아닙니다. 진리와 허위와 나가는 것과 들어가는 것과 가는 것과 가지 않는 것 모두를 부정하며 말도 행위도 닿지 않습니다.

복전(福田)이 되지도 않고 복전이 되지 않는 것도 아닙니다. 공양을 올릴 만한 것도 아니고 공양을 올려서 안 될 것도 아닙니다. 쉽사리 파악할 수 있는 것도 아니고 지식으로 다가설 수 있는 것도 아닙니다. 특징도 없고 만들어진 것도 아니며 하나 둘 헤아릴 수 있는 것도 아닙니다.

여래는 본래의 평등으로써 평등하며, 법의 성품으로써 만물과 어우러지거나 또는 어우러지지 않는 것도 아니며, 이에 어긋나는 정진은 삼가고 일체의 헤아림을 벗어나 있습니다. 가는 것도 아니고 멈추어 있는 것도 아니며, 그것을 벗어나 있는 것도 아닙니다. 보이는 것이나 들리는 것, 깨달음의 대상이나 앎의 대상 그 어느 것도 아니며, 어떤 것도 속박하지 않습니다.

모든 것을 아는 앎을 지니고 있으며, 모든 존재는 평등하여 어디에도 차별이 존재하지 않는다는 사실을 잘 압니다. 어떤 점에서도 비난받을 일을 삼가며, 과오가 없으며, 티끌이 없으며, 궁리하지 않으며, 분별하지 않으며, 행하지 않으며, 생겨나지 않으며, 오지 않으며, 일으키지 않으며, 모으지 않으며, 앞으로도 일으키지 않으며 일으키지 않는 것도 아닙니다. 두려움이 없으며, 알라야에 대한 애착이 없으며, 걱정하지 않으며, 기뻐하지 않으며, 말로 표현되거나 드러낼 수 있는 것이 아닙니다.

세존이시여, 이것이 바로 여래의 몸이라고 저는 생각합니다. 이와 같이 보는 이는 바르게 보는 자이며 이와 달리 보는 이는 바르게 보는 자가 아닙니다."

유마의 고향

그때 사리불이 세존께 여쭈었다.

"세존이시여, 저 유마거사는 전생에 어느 불국토에서 이 불국토로 환생한 것입니까?"

세존께서 이르셨다.

"그대가 직접 유마거사에게 어느 불국토에서 이 불국토로 환생했는지 물어보라."

그리하여 사리불이 직접 그것을 묻자 유마가 다시 반문하였다.

"대덕께서 깨달은 법은 나고 죽는 일이 있습니까?"

"법에는 나고 죽는 일이 없습니다."

"사리불이시여, 그와 같이 모든 법에 나고 죽는 일이 없다면 도대체 죽은 다음 다른 곳에 다시 태어난다는 따위의 생각을 어떻게 할 수가 있겠습니까? 대덕이시여, 마법사가 환술로 만들어낸 남자나 여자에게 전생에 어디에서 죽어 이곳에 다시 태어났느냐고 묻는다면 과연 어떤 대

316

답이 돌아올까요?"

"환술로 만들어낸 것에는 나고 죽는 일
이 없는 까닭에 아무런 답변도 돌아오지
않습니다."

"여래께서는 일찍이 모든 존재는 변현
(變現)한다고 말씀하지 않으셨던가요?"

"분명히 그렇게 말씀하셨습니다."

"대덕이시여, 모든 것이 변현한다면 도
대체 죽은 다음 다른 곳에 다시 태어난다
는 따위의 생각을 어떻게 할 수가 있겠습
니까? 대덕이시여, 죽음이라는 것은 모든
작용이 멈춘 모습이고 태어남이라는 것은
작용이 계속 일어나는 것입니다. 하지만
보살은 비록 죽음이 온다고 해도 선근의
작용을 멈추지 않으며, 태어나더라도 그
릇된 일을 계속하지 않습니다."

그때 세존께서 사리불에게 이르셨다.

"사리불이여, 이 사람은 부동여래(不動如來)가 살고 있는 미묘한 기쁨이라는 이름의 묘희(妙喜)세계로부터 이곳으로 왔다."

사리불이 말했다.

"세존이시여, 그토록 청정한 불국토에 태어나셨던 분이 여기 온갖 죄악과 과오가 들끓는 세상으로 기꺼이 오셨다니 정말 놀라운 일입니다."

이에 유마가 사리불에게 물었다.

"어떻게 생각하십니까? 햇빛이 그늘과 함께 있을 수 있습니까?"

"함께 있을 수 없습니다."

"그 둘은 분명히 함께 있지 않습니까?"

"고매한 분이시여, 그 둘은 분명히 함께 있지 않습니다. 해가 떠오르는 즉시 어두움은 소멸됩니다."

"어찌하여 해는 염부제 위로 떠오르는

것일까요?"

"밝은 빛으로 어두움을 걷어내기 위해 서입니다."

"사리불이시여, 그와 마찬가지로 보살 또한 중생을 정결하게 하고 지혜의 빛을 비춰주며, 커다란 어두움을 걷어내기 위해 짐짓 이 청정하지 않은 불국토에 태어난 것입니다. 하지만 결코 번뇌와 함께하지는 않으며, 오히려 모든 사람들의 번뇌의 그림자를 걷어내 줍니다."

묘희세계의 모습

그때 무리 가운데에 있던 사람들이 한결같이 저 묘희세계와 부동여래와 그곳의 보살들 및 대성문들을 친견하기를 원하니 세존께서 곧 그들의 마음을 꿰뚫어 보시고 유마를 향해 이르셨다.

"여기에 있는 사람들 모두가 묘희세계
와 부동여래를 보고 싶어하니 그대가 보
여 주지 않겠는가."

세존의 권유를 받은 유마는 자신의 사
자좌에 앉아서 생각하였다.

저 묘희세계와 그곳의 무수한 보살들과
천과 용과 야차와 건달바와 아수라의 주
처를 에워싸고 있는 철륜산, 시내와 연못
과 샘과 개천과 바다와 수미산을 비롯한
그 밖의 작은 산과 향산, 해와 달과 별과
천과 용과 야차와 건달바의 주처와 범천
의 주처와 그 무리들, 마을이며 도시, 성
읍, 시골, 국토와 남자와 여자와 집과 보
살과 성문의 무리 및 부동여래의 보리수
를 보여 주리라.

나아가 그 부동여래가 바다같이 많은

사람들에 둘러싸여 설법하고 있는 모습과 시방의 중생들에 대해 여래의 역할을 대신해 주고 있는 연꽃의 모습과 염부제에서 저 높은 33천 사이에 걸려 있는 보석이 반짝이는 세 개의 사다리와 33천의 신들이 부동여래를 뵙고 예배 공양을 올린 다음 설법을 듣기 위해 그 사다리를 내려오는 모습과 반대로 염부제의 사람들이 33천의 신들을 만나기 위해 사다리를 오르는 모습 등을 이들에게 보여 주리라.

이와 같이 무수한 덕성이 한 데 어우러진 저 묘희세계의 수륜(水輪)을 비롯하여 위쪽으로 색구경천(色究竟天)에 이르는 모든 것을 마치 도공(陶工)이 녹로(轆轤)를 돌리듯이 순식간에 떼어내어 오른손으로 받쳐들고 마치 화관을 받들 듯이 이 사바세계로 가지고 오리라. 그리하여 여기에 모인 사람들에게 자세히 보여 주리라.

긴 생각에서 깨어난 유마는 곧 삼매에
들어 신통을 일으키더니 과연 눈 깜짝할
사이에 저 묘희세계를 모두 메어내어 오
른손에 받쳐들고 사바세계로 돌아왔다.

한편 묘희세계에 머물고 있던 보살과
성문과 신과 사람들 중 6신통을 가지고
있던 이들은 자신들이 갑자기 어디인가로
날아가고 있다는 사실을 깨닫고 깜짝 놀
라 소리쳤다.

"세존이시여, 선서(善逝)시여, 저희들을 구
해 주옵소서. 여래시여, 부디 도와주소서."

하지만 부동여래는 그들로 하여금 좋은
가르침을 얻게 하려고 짐짓 이렇게 이르
셨다.

"이것은 어디까지나 유마보살이 하는
일이므로 나도 어쩔 도리가 없노라."

그러나 신통력을 얻지 못한 신과 인간들은 정작 자신들이 어디인가로 날아가고 있다는 사실조차 깨닫지 못하는 눈치였다.

한 가지 놀라운 사실은 저 묘희세계 전체가 사바세계로 옮겨 왔는데도 불구하고 사바세계가 더 넓어졌다거나 좁아지지도 않았을 뿐더러 여유가 없어졌다거나 옹색해 보이지도 않는다는 사실이었다. 저 묘희세계 역시 조금도 줄어들지 않고 원래 그대로였는데도 말이다.

그때 석가모니 세존께서 그곳의 모든 대중들을 향하여 이르셨다.

"벗들이여, 저 묘희세계와 부동여래를 보라. 그리고 저 불국토의 아름다움과 성문과 보살들의 광명을 보라."

대중들이 답했다.

"보고 있습니다. 세존이시여."

세존께서 이르셨다.

"이러한 불국토를 얻으려는 보살은 일찍이 부동여래가 보살이었을 때 닦았던 일들을 본받아야 한다."

이윽고 유마의 신통력에 힘입어 저 묘희세계와 부동여래를 예배할 수 있었던 사바세계의 신과 인간들 가운데 무려 14 나유타에 이르는 이들이 그 자리에서 견줄 바 없는 바른 깨달음에 대해 크게 발심하였다. 또한 그들 모두 묘희세계에 태어나기를 소원하니 세존께서 곧 이를 아시고 장차 모두 그곳에 태어나리라고 예언하셨다.

이렇게 하여 사바세계 사람들 가운데 성숙시켜야 할 사람들을 모두 성숙시킨 유마는 저 묘희세계를 다시 원래의 자리로 옮겨놓았다.

사리불의 찬탄

그때 세존께서 사리불에게 이르셨다.

"그대는 묘희세계와 부동여래를 뵙고 예배하였는가?"

사리불이 여쭈었다.

"예배하였습니다. 세존이시여. 그리고 이곳의 모든 사람들이 부디 그와 같이 온전한 덕으로 빛나는 불국토에 태어나기를, 그리고 유마거사와 같이 훌륭한 신통력을 지니게 되기를 마음 속으로 빌었습니다.

저 고귀한 유마거사를 만나고 나서 저희들은 커다란 이익을 얻었습니다. 예를 들어 여래가 세상에 머물고 계시든 아니면 열반에 들어 이 세상에 안 계시든 이 법을 한 번 듣는 것만으로도 사람들은 한

결같이 커다란 이익을 얻습니다. 그렇거
늘 이 법을 듣고 믿는 마음을 가지고 잘
따르며 잘 간직하며 설명해 주며 늘 독송
하며 이해하며 닦아야 할 요가행을 잘 닦
는 사람들이 커다란 이익을 얻으리라는
것은 말할 나위도 없다 하겠습니다.

이 법문을 확고하게 얻은 이들은 법의
보물 창고를 얻은 것과 같습니다. 이 법문
을 읽고 외우는 이들은 바로 여래의 도반
인 것입니다. 이 법문을 믿는 사람을 공경
하는 이들은 법을 수호하는 자입니다. 이
법문을 아름답게 베껴쓰고 설명하며 공경
하는 사람들의 집에는 여래가 머무른다
하겠습니다. 이 법문을 기뻐하는 이는 모
든 덕을 수호하는 사람입니다. 이 법문 가
운데 하나의 시구나 한 구절의 가르침만
이라도 남에게 설명해 주는 이가 있다면

그것은 다름 아닌 대 법회를 열고 있는 사람이라 하겠습니다. 이 법문에 있어 잘 참으며 서원을 세우며 잘 알며 깊이 이해하며 바르게 보며 믿음을 가진다면 그 자체로써 그 사람은 이미 불타가 되리라는 예언을 얻은 것과 다름없습니다."

제13장 법공양의 공덕
(法供養品)

제석천의 약속

그때 뭇 신들의 왕인 제석천이 세존께
여쭈었다.

"세존이시여, 저는 일찍부터 여래와 문
수보살로부터 백천이나 되는 많은 법문을
들었습니다. 하지만 지금의 이 법문만큼
불가사의한 신통력에 의해 법의 참된 실
상(實相)을 알 수 있게 해준 것은 일찍이

없었습니다. 이와 같은 법문은 결코 전에
들은 적이 없습니다.

　세존이시여, 이 법문을 잘 간직하고 잘
설명하며 독송하고 이해하는 이는 모든 의
문이 사라지고 훌륭한 법의 그릇으로 성숙
합니다. 하물며 마땅히 닦아야 할 요가행
을 닦는 사람이야 말할 나위가 있겠습니
까? 이들에게는 모든 악취(惡趣)가 끊어지
고 오로지 선취(善趣)에 이르는 길만이 열
려 있습니다. 이들은 늘 모든 부처님의 보
호를 받으며 모든 이교도들을 이겨내며 모
든 마를 물리치고 보살도를 깨끗이 하는
자들이며 보리좌에 앉는 자들이며 여래의
경지를 잘 이해하는 자들입니다.

　세존이시여, 혹시 남자든 여자든 이 법
문을 설하는 이가 있다면 저의 무리와 함
께 저는 그를 극진히 받들어 모시겠습니

다. 촌락이나 도시나 성읍이나 지방이나 국토나 왕궁 그 어느 곳에서든 이 법문을 실천하고 설명하며 해설하는 자리가 있으면 저는 그 법을 듣기 위해 저의 무리와 함께 그곳을 반드시 찾아가겠습니다. 믿음이 없는 이에게는 믿음을 일으키게 하고 이미 믿음이 있는 이에게는 그 법을 잘 지켜주겠습니다."

불가사의한 해탈의 공덕

세존께서 제석천에게 이르셨다.

"훌륭하다. 그대의 말은 참으로 훌륭하다. 여래도 그것을 크게 기뻐하리라. 제석천이여, 이 법문 속에는 실로 과거와 현재와 미래의 모든 부처가 깨달은 진수가 설해져 있다. 때문에 이 법문을 잘 간직함과 아울러 그 경전을 베껴쓰고 독송하며 다른 사람에게 가르쳐 주는 사람들은 바로 과거와 현재와 미래의 모든 부처를 공양하는 것이 된다.

제석천이여, 이 삼천대천세계가 여래로 가득 차 있는 것은 마치 감자밭과 같고 갈대밭과 같으며 대나무밭과 같고 삼밭과 같으며 아카시아밭과 같다고 말할 수 있으리라.

이들 여래를 향해 만약 누군가 한 사람이 한 겁 혹은 그 이상의 긴 세월 동안 계속 그를 공경하고 찬탄하며 온갖 공양물과 일용품으로 극진히 섬겼다고 생각해 보자. 그리고 아주 견고하여 쉽사리 무너지지 않는 불탑(그것은 여래의 유골을 봉안한 것으로 온갖 보석으로 장식되어 있으며 크기는 4대주를 덮고 높이는 범천의 하늘에까지

이르며 傘蓋와 깃발 중간에 세워진 表柱로 장
식되어 있다)을 조성하였다고 생각해 보자.
아울러 그와 같은 불탑을 여래의 수대로
완성해 놓고 한 겁 혹은 그 이상의 긴 세
월에 걸쳐 꽃과 향과 깃발과 리본으로 그
모두를 공양하며 북과 바라를 울리어 예
배를 올렸다고 생각해 보자.

제석천이여, 그대의 생각은 어떤가? 이
사람은 과연 그러한 일에 의해 얼마만한
공덕을 쌓겠는가?"

제석천이 답했다.

"세존이시여, 선서시여, 그 사람의 공덕
은 이루 헤아릴 수가 없을 것입니다. 그 공
덕의 크기는 설령 백천억 겁 동안 헤아린다
해도 미처 다 헤아릴 수가 없을 것입니다."

세존께서 이르셨다.

"그대의 말이 옳다. 그러나 기억하라.

불가사의해탈을 가르치는 이 법문을 잘 간직하고 독송하며 이해하는 사람이 있다면 그의 공덕은 정작 앞의 사람보다 훨씬 큰 것임을. 왜냐하면 제불세존의 깨달음이란 모두 이로부터 생겨난 것이며 여래에 대한 공양 역시 재물이 아닌 법에 의해서만 가능하기 때문이다.

이 법문으로 또한 다음과 같은 것을 알아야 한다.

과거 이야기

아득히 먼 과거(무수하고 또 무수하며 거대하고 무량하며 생각할 수 없을 만큼 아득한 겁 그 이전의)의 엄정(嚴淨)이라는 시기에, 크게 장식함이라는 이름의 대장엄세계(大莊嚴世界)가 있었다. 그곳에는 여래이며

아라한[146]이며, 바른 깨달음을 얻고 앎과
실천을 두루 겸비하였으며, 선서이며, 세
간을 널리 알며, 사람들을 잘 바루며, 견
줄 바 없이 높으며, 신과 인간들의 스승
이며 붓다이며 세존이신 약왕여래(藥王如
來)께서 머물고 계셨다. 약왕여래의 수명
은 무려 2십 중겁을 헤아렸다. 그곳에 있
는 성문들의 수는 36억 나유타였고 보살
의 수는 12억 나유타였다.

제석천이여, 그때 마침 한 전륜성왕이
있었으니 보개왕(寶蓋王)이 바로 그였다.
그는 4대주를 지배하고 일곱 가지 보배[147]
를 지녔으며, 1천 명이나 되는 왕자들은
모두 씩씩하고 늠름하여 적들을 모두 쳐
부수는 용사들이었다.

보개왕은 약왕여래세존과 그 제자들에
게 무려 5중겁에 걸쳐 모든 요긴한 일용품

을 계속 공양해 왔다. 5중겁이 지나는 날
보개왕은 왕자들을 모두 모아놓고 '지금까
지 나는 5중겁에 이르도록 여래를 공양해
왔다. 이번에는 너희들이 여래를 공양할
차례이다'라고 일렀다. 그러자 왕자들은
기꺼이 '그렇게 하겠습니다'라는 답과 함
께 그날부터 한마음이 되어 약왕여래의 일
용품 공양하기를 5중겁 동안 계속하였다.

  그 중에 월개(月蓋)왕자가 있었는데 어
느 날 그는 혼자 한적한 곳을 찾아 생각
에 잠겼다. 지금 하고 있는 것 이상으로
훌륭한 공양은 없는 것일까?

  그 순간 여래의 위신력에 힘입어 하늘
에서 신들이 나타나 말하였다.

  '고귀한 사람이여, 법공양이야말로 모든
공양 가운데 으뜸이니라.'

  왕자가 물었다.

'법공양이란 어떤 것입니까?'

신들이 답했다.

'몸소 약왕여래를 찾아뵙고 법공양이 무엇인지를 여쭈어라. 여래께서 그대에게 자상하게 가르쳐 주시리라.'

월개왕자는 곧 여래이며 아라한이며 완전한 각자(覺者)인 약왕여래께서 계신 곳에 도착하여 세존의 두 발에 머리를 조아리고 예를 올린 다음 한켠에 가서 앉고는 여쭈었다.

'세존이시여, 법공양이란 말을 들었습니다. 그것이 무엇인지 부디 가르쳐 주시기 바랍니다.'

법공양

약왕여래께서 답하셨다.

'선남자여, 법공양이란 여래께서 설하신 다음과 같은 경전을 말함이니라.

그것은 뜻이 깊고 세간의 도리를 벗어나 있어 통하기도 어렵고 보기도 어려우며, 알기도 어렵고 미묘해서 쉽사리 파악할 수 없는 것이다. 또한 그것은 보살장(菩薩藏)에 속하며, 모든 다라니와 경 가운데 왕이라는 각인이 찍혀 있으며, 불퇴전의 법륜을 굴리며 여섯 가지 바라밀로부터 생겨났으며, 사람들이 실천해야 할 바를 내용으로 하며, 보리분(菩提分)의 법을 지니며, 칠각지를 완성하며 사람들에게 대비심을 일으키며, 자애심을 설하며 마의 그릇된 생각을 훌쩍 벗어났으며, 연기법을 밝게 드러낸다.

그것은 '나'라는 상(相)도 없고 중생이라는 상도 없으며 목숨이 있다는 상도 없고 개아(個我)라는 상도 없다. 그것은 공성(空性)과 무상(無相)과 무원(無願)과 무작(無作)과 무생(無生)과 무기(無起)의 도리를 지니며 보리좌를 완성하며 법륜을 굴린다.

천, 용, 야차, 건달바, 아수라, 가루다, 긴나라, 마후라가의 우두머리로부터 찬탄받는 것이며, 바른 깨달음의 맥을 끊지 않는 것이며, 법의 창고를 보전하는 것이며, 최고의 법공양으로 사람들을 이끄는 것이다. 모든 성자들이 받아 지니며, 모든 보살들이 행할 바를 바르게 보여 주며, 사람들로 하여금 참된 의미를 가진 법을 알도록 이끌며, 법의 핵심인 무상(無常)과 고(苦)와 무아(無我)와 적정(寂靜)을 통하여 해탈을 향하도록 한다.

인색함과 파계와 악의와 나태와 망각과 악혜(惡慧)[148]를 지닌 자와 절망에 빠져

있는 자와 이교도들과 그릇된 견해나 대
상에 집착하는 자들을 모두 구제한다. 그
것은 모든 부처로부터 칭송받는 것이며
윤회를 정복하는 것이며 열반의 즐거움을
밝게 보여 주는 것이다.

이와 같은 경전을 바르게 설하고 설명
하고 고찰하며 바른 법을 온전히 지키는
이것을 바로 법공양이라고 하는 것이다.

선남자여, 법공양이란 또한 다음과 같
은 것이다. 법을 오직 법으로써만 통찰하
고 법 그대로 진지하게 정진하며, 연기의
도리에서 벗어나지 않고 양 극단의 관념
을 버리며, 나지도 않고 일어나지도 않는
다는 것을 받아들이고 나도 없고 중생도
없다는 사실을 깨달으며, 인과 연의 도리
를 등지지 않으며, 다투지 않으며, 이론을
고집하지 않고 소유물에 집착하지 않으

며, 내가 존재한다는 생각을 벗어나 있다.

그 바른 뜻을 최후의 의지처로 삼을 뿐 문자를 의지처로 삼지는 않는다.[149] 지혜를 최후의 의지처로 삼을 뿐 지식을 의지처로 삼지는 않는다. 요의경(了意經)을 최후의 의지처로 삼을 뿐 미요의(未了意)를 의지처로 삼지는 않는다. 법 그 자체를 최후의 의지처로 삼을 뿐 사사로운 일에 권위를 부여하는 사고방식을 의지처로 삼지는 않는다.

부처가 말하는 법성(法性)을 있는 그대로 이해하며 알라야가 존재하지 않는다는 사실을 깨달아 그에 대한 집착을 쳐부순다. 무명(無明)을 타파하는 것을 시작으로 마지막에는 늙음과 죽음과 걱정과 고통과 슬픔과 불안과 마음의 아픔을 모두 타파하는 십이연기를 꿰뚫어 봄으로써 인간이

라는 존재에 대한 그릇된 관념(끝없이 계속 이어지리라는 생각)에서 벗어나는 그것이 바로 법공양인 것이다.'

월개왕자의 서원

제석천이여, 이렇게 하여 약왕여래로부터 법공양에 대한 가르침을 들은 월개왕자는 그 자리에서 기꺼이 진리를 따르리라 결심을 굳혔다. 그리고 몸에 걸치고 있던 옷가지와 장신구를 벗어 약왕여래에게 바친 다음 이렇게 기원하였다.

'약왕여래시여, 저는 여래께서 비록 열반에 든 다음이라도 이 바른 법이 길이 유지되고 널리 공양받을 수 있도록 힘써 노력하여 이를 수호하고자 원하옵니다. 약왕여래시여, 부디 온갖 마(魔)와 반론자

들을 쳐부수고 바른 법을 지켜나갈 수 있
도록 저에게 힘을 주옵소서.'

약왕여래는 곧 그의 뜻을 간파하고 장
차 법의 성(城)을 지키는 이가 되리라는
예언으로 그를 격려하였다.

제석천이여, 그리하여 월개왕자는 여래
가 세상에 머물고 있는 동안 깨끗한 믿음
을 가지고 출가하여 집 없는 이가 되었으
며 선행을 실천하는 일을 시작하였다. 힘
써 정진하고 선을 쌓은 덕분에 얼마 안
있어 그는 5신통을 얻었으며 온갖 다라니
를 이해하고 뛰어난 변재를 지닌 덕분에
약왕여래가 열반에 든 이후에도 그 신통
력과 다라니의 힘을 빌려 마치 약왕여래
가 그랬듯이 십 중겁에 걸쳐 법륜을 계속
굴렸다.

제석천이여, 이와 같은 월개비구의 노

력으로 인하여 무려 천억의 사람들이 견줄 바 없이 높고 바른 깨달음에서 조금도 물러서지 않게 되었다. 그리고 40나유타의 사람들은 성문승과 독각승의 도를 얻게 되었고, 그 밖에 무수한 사람들이 천상에 태어나는 행운을 누렸다.

제석천이여, 당시 보개라고 불리던 전륜왕을 다른 사람이라 생각하지 마라. 왜냐하면 지금의 보염여래(寶焰如來)가 바로 그때의 보개왕이었기 때문이다. 보개왕의 1천 왕자들은 곧 지금의 저 보살들이니 바야흐로 이 현겁[150] 중에 반드시 1천 부처가 출현할 것이다. 그 중에 가라구손타를 비롯한 네 부처님은[151] 이미 세상에 출현하였다. 그 외의 부처님은 장차 모두 출현할 것이다. 즉 가라구손타로부터 제일 마지막으로 누지(樓至)에 이르는 부처님이 바로 그들이다.

　제석천이여, 당시 약왕여래의 뛰어난 법을 잘 받들었던 월개왕자가 다른 사람이었다고 생각하지 마라. 왜냐하면 제석천이여, 내가 바로 그때의 월개였던 까닭이다. 제석천이여, 이로 미루어 보더라도 여래를 공양하는 것 가운데 법공양이 최상이라는 사실을 충분히 알게 되었을 것이다. 그것은 실로 최상이고 제일이며 수승하며 월등하며 상등이며 위없는 것이다. 제석천이여, 그러하니 공양은 반드시 재물이 아닌 법으로 행하여야 마땅하리라. 아울러 재물에 의한 예경이 아니라 법에 의한 예경을 실천해야 하는 것이다."

제14장 법을 부촉하시다
(囑累品)

이때 세존께서 미륵에게 이르셨다.

"미륵이여, 수억 겁에 걸쳐 완성된 견줄 바 없이 높은 나의 깨달음을 그대에게 부촉하노라. 이는 아득히 먼 훗날까지 그대의 원력에 의해 이 법이 잘 보전되어 사바세계에 널리 퍼지고 소멸되지 않기를 기대하기 때문이다.

왜냐하면 장차 태어날 선남자, 선여인을 비롯하여 천과 용과 야차와 건달바와

아수라 등이 설령 선근을 심은 원인으로
견줄 바 없이 높고 완전한 깨달음에 들어
갈 수 있을지는 모르겠으나 정작 이 법문
을 듣지 못하면 잃는 것이 많을 것임에
틀림없기 때문이다. 하지만 다행히 이 경
전을 만나게 되면 그들은 곧 크게 기뻐하
면서 믿음을 일으켜 그것을 머리에 받쳐
이고 경배할 것이다. 이러한 사람들을 수
호하기 위해 미륵이여, 그대는 부디 때가
되면 이 경을 세상에 널리 유포시키라.

두 부류의 보살

보살에는 두 부류가 있으니 첫째는 온
갖 문자나 말을 신뢰하는 부류이고, 둘째
는 법의 깊은 뜻을 두려워하지 않으며[152]
있는 그대로의 진실을 깨닫는 부류이다.

이것이 보살의 두 부류이다.

미륵이여, 그중에서 온갖 문자나 말을 신뢰하고 거기에 몰두하는 이는 이제 갓 배우는 자이며 청정행을 닦은 지 얼마 안 되는 사람이다. 하지만 뜻 깊고 티끌 없는 이 경을 독송하고 듣고 믿으며 사람들에게 설명해 주는 보살은 이미 오래도록 청정한 행을 닦아온 사람이라고 알아둘 일이다.

갓 배우는 보살이 스스로 자신을 상처 입히고 저 뜻 깊은 법을 알아보지 못하는 데에는 두 가지 이유가 있다.

먼저 그들은 지금까지 한 번도 들어보지 못한 경전을 접하는 순간 기쁨커녕 두려워하는 마음에 이것은 도대체 어디에서 온 것일까라고 의심하면서 무조건 그것을 비난한다. 이것이 그 첫번째 이유이다.

또한 심오한 법의 그릇으로서 심오한 경을 잘 간직하고 심오한 법을 잘 설하는 선남자를 만나더라도 그를 가까이 하거나 벗이 되거나 받들어 모시거나 존경하지 않고 오히려 때때로 그들을 헐뜯을 뿐이다. 이것이 그 두번째 이유이다.

이 같은 두 가지 이유로 갓 배우는 보살은 스스로 자신을 상처입히고 저 심오한 법을 알아보지도 못하는 것이다.

또한 심오한 법에 대해 설령 믿는 마음을 가진 보살이라도 다음의 두 가지 이유가 있어 스스로 자신을 상처입히고 모든 법은 불생(不生)이라는 확신에 이를 수가 없다.

먼저 몸소 실천하지도 않으면서 갓 배우는 보살들을 무시하고 얕보며 그들을 받아들이지도 않고 가르쳐 주지도 않으니 이것이 첫번째 이유이다. 그리고 심오한 법에 대한 믿음이 간절하지도 않고 배움을 존중하지도 않으며 비록 사람들에게 재물을 보시하여 이익을 주는 일은 있어도 정작 법으로써 그들을 이롭게 하는 일은 없으니 이것이 두번째 이유이다.

미륵이여, 설령 심오한 법을 믿는 보살이라도 이 같은 두 가지 이유에 의해 스스로 자신을 상처 입히고 모든 법은 불생(不生)이라는 확신에도 이를 수 없는 것이다."

보살의 약속

그때 미륵이 세존께 여쭈었다.

"세존이시여, 지금까지 하신 말씀은 실로 놀랍고도 훌륭한 가르침이십니다. 지금부터 저는 세존께서 말씀하신 그런 실수를 범하지 않도록 힘써 노력하겠습니다. 그리고 백천억 겁의 무수한 세월이 흐르도록 여래께서 완성하신 견줄 바 없이 높고 완전한 깨달음을 잘 받들어 지니겠습니다.

장차 선남자, 선여인으로서 법의 그릇이 될 만한 이가 있다면 그들이 이 경전을 접할 수 있도록 하겠습니다. 그는 분명히 뛰어난 기억력과 함께 그것을 믿고 실천하며 이해하며 베껴쓰며 다른 사람에게 자상하게 설명해 주고 깨우쳐 주기도 할 것입니다. 저는 그들이 틀림없이 해내리라 생각합니다. 그러니 앞으로 이 경을 믿고 이해하는 이들이 있다면 그 모두가 저의 정성에 의한 것이라고 헤아려 주시기 바라나이다."

미륵의 말이 끝나자 세존께서 이르셨다.

"그대의 말은 실로 훌륭하다. 여래는 기꺼이 그대의 말을 받아들이리라."

그러자 그곳에 있던 모든 보살들이 입을 모아 말했다.

"세존이시여, 저희 역시 세존께서 열반에 드신 이후에도 각각의 불국토에서 여래가 깨달으신 것을 계속 널리 퍼도록 하겠습니다. 저 선남자, 선여인들은 반드시 이에 대해 믿음을 가지리라고 믿습니다."

사천왕도 약속했다.

"세존이시여, 시골이나 도시나 성읍이나 국토나 왕궁 그 어느 곳에서든 이 법을 실천하고 말하며 설명해 주는 이가 있다면 저희 사천왕은 곧 군대와 젊은이와 부하들을 이끌고 설법을 들으러 달려가겠습니다. 혹시 그 장소가 광활한 틈을 타 설법자에게 해를 입히는 무리가 있다면

주위를 잘 단속하여 아무런 해가 없도록
하겠습니다."

아난다에게 부탁함

세존께서는 마침내 아난다에게 이르셨다.
"아난다여, 이 법을 받으라. 그리고 잘
지니고 있다가 사람들에게 널리 펴도록
하라."

아난다가 여쭈었다.

"세존이시여, 저는 이미 그것을 받았습
니다. 다만 이 경의 이름을 무엇이라 해
야 할지 어떻게 간직해야 할지를 가르쳐
주십시오."

세존께서 이르셨다.

"아난다여, 이 경의 이름은 유마에 의
해 설해진 경이라고 부르도록 하라. 혹은

대구(對句)의 나열과 역설의 완성이나 불
가사의해탈장(不可思議解脫章)이라고 불러도
좋으리라. 부디 잘 간직하도록 하라."

　세존의 설법이 끝나자 유마와 문수법왕
자(法王子)와 아난다장로와 보살들과 대성
문들과 그 밖에 모든 대중들 그리고 천신
과 아수라와 건달바를 비롯한 세간의 모
든 이들이 크게 기뻐하는 마음으로 세존
의 설법을 높이 칭송하였다.

역주(譯註)와 해설

유마경 역주(譯註)

1) 불(佛)은 부처, 즉 '깨달은 사람'이라는 뜻으로 흔히 깨달음을 얻은 이후의 고타마 싯다르타를 가리켜 (석 가모니) 부처님이라고 말한다. 그러나 대승불교에서 는 석가모니 부처님 외에도 수많은 부처님이 존재한 다고 믿는다.
'보살'이란 깨달음을 위하여 수행하는 사람으로 대승 에서는 이와 같은 구도자 역시 무수히 존재한다고 여긴다.
'성문(聲聞)'은 '부처님의 가르침을 듣는 사람', 즉 '부 처님의 제자'라는 뜻이고 '독각(獨覺)'이란 다른 사람 으로부터 가르침을 받지 않고 오직 혼자의 힘으로 나 름대로의 깨달음에 도달한 사람을 일컫는다. 보살은 대승에 속하고 성문과 독각은 소승에 속한다.
이 구절은 귀경게(歸敬偈)라고 하는데 흔히 경을 읽거 나 번역하거나 베껴쓰는 등의 불사에 앞서 으레 그 첫머리에 등장하는 귀경게로서 전통적인 문구이다.
2) '세존(世尊)'이란 원래 '모든 복을 갖추고 있는 신성 한 사람'이라는 뜻으로 한역에서는 세상에서 가장 존귀한 사람이라는 의미이다. 부처님의 존칭으로 사

용되며 여기에서는 석가모니 부처님을 가리킨다.

3) 바이살리는 갠지스 강 북쪽에 위치한 당시의 대도시
이고 암라팔리 숲터는 그곳에 살고 있던 암라팔리(왕
비 혹은 기생이라고도 한다)라는 여인이 불교에 귀의
하면서 부처님과 그 승단에 봉헌한 원림(園林)이다.

4) '비구(比丘)'는 '밥을 구걸하는 사람'이라는 뜻, 남성으
로서 출가하여 수행하는 이를 일컫는 일반적인 호칭.

5) '아라한(阿羅漢)'은 '공양을 받을 만한 가치가 있는 사
람'이라는 뜻으로 '응공(應供)' 등으로 한역된다. 원래
는 부처님의 다른 이름이지만 여기에서는 소승불교
에서 추구하는 이상(理想)으로 번뇌에서 벗어난 사람
에 대한 존칭으로 사용되었다.

6) 삼보(三寶)는 부처님과 자신과 그가 설한 법과 그 법
을 따르는 승가, 즉 불(佛)·법(法)·승(僧)을 가리킨다.

7) '삼매(三昧)'란 선정(禪定)의 일종으로서 몸을 바르게
하여 정신을 한 곳에 집중시키는 수행법이다.
'다라니(陀羅尼)'는 가르침의 요점을 잘 기억하고 이
해하여 쉽게 망각하지 않는 힘. 나중에는 그러한 중
요한 구절 자체를 가리키는 말로 사용되어 주문(呪
文)의 의미로 통용되었다.
'변재(弁才)'란 설법의 뛰어난 영감이 번뜩이는 것으
로 물 흐르듯이 거침없이 이어지는 올바르고 훌륭한
말씀씨.

8) '선정(禪定)'은 삼매와 같은 말이며 '마음을 평온하게

358

유지하는 일' '의식을 집중하여 하나로 모으는 일'을 가리킨다.

9) '바라밀다(波羅蜜多)'는 줄여서 '바라밀(波羅蜜)'이라고 도 하는데 '완성된 상태'를 의미한다. 따라서 '반야바라밀'이란 '지혜의 완성'을 말한다. 바라밀이라는 말 은 비유적으로 '피안(彼岸)'에 도달한 상태'로도 이해 되며 이러한 경우에는 '도(度)' '도피안(到彼岸)'으로 번역된다. 여기에서는 '보시'를 비롯한 열 가지 바라밀이 있는데 그 가운데 보시·지계·인욕·정진·선정·지혜를 6바라밀이라고 한다.

10) '법륜(法輪)을 굴리다', 즉 법의 바퀴를 앞으로 나아가게 하는 것은 곧 대중에게 법을 설하는 것을 의미한다.

11) 부처님이나 전륜성왕의 몸에 있는 서른두 가지 주요 특징〔三十二相〕과 여든 가지 부수적인 특징〔八十種好〕을 합하여 상호(相好)라고 부른다.

12) '연기법(緣起法)'은 '의지하여 일어난다'는 뜻으로 '상대적으로 존재하는 것'을 의미한다. 불교의 기본적인 가르침 가운데 하나. 세계의 '상대성'을 설하는 이 연기의 이념은 '이것이 있으면 저것이 있고 이것이 생겨나지 않으면 저것도 생겨나지 않는다'라는 네 구절로 간단히 요약할 수 있다. 이것이 다시 발전하여 '12연기설(十二緣起說)'로 체계화되었다.

13) 관정(灌頂)이란 일반적으로 곧 왕위에 오를 황태자에

역주 359

대한 세례의식을 가리킨다. 여기에서는 부처님의 후
계자인 보살이 곧 최고의 깨달음에 이르리란 것을
말한다.

14) 이상의 '열 가지 능력'과 '네 가지 두려움 없음'과 '열
여덟 가지 부처님에게만 있는 특성'은 불세존이 가
진 덕목으로서 언제나 함께 따라다닌다.

15) '깊은 원력'이란 앞의 '정직한 마음'에서 더욱 심화된
것으로 깨달음을 향한 발심(發心)과 거의 같은 뜻으
로 쓰인다. 한문경전에서는 심심(深心)·증상의락(增
上意樂)이라고 표현한다.

16) 지옥과 아귀와 축생과 아수라를 '악취(惡趣)'라 부르
고 천신과 인간은 '선취(善趣)'라고 부른다. '육취(六
趣), 육도(六道)'란 이 모두를 가리키며 아수라를 제
외한 나머지를 '오취'라고도 부른다.

17) '코티'와 '나유타'는 고대 인도의 수 단위로서 억(億)
혹은 조(兆)와 상응하는 것으로 생각된다. '겁(劫)'은
오랜 시간의 단위다.

18) '천, 용' 이하는 소위 '천룡팔부중(天龍八部衆)'으로서
모두 호법신(護法神)에 속한다.

19) '4부대중(四部大衆)'이란 출가한 남자와 여자, 즉 비
구·비구니와 재가의 남과 여, 즉 우바새(優婆塞)·
우바이(優婆夷)를 가리킨다. 이 4부대중은 승단의 기
본 구성원이다.

20) '삼천대천세계(三千大千世界)'란 우주를 구성하는 모

든 세계의 총칭. 해와 달과 4대주를 포함하는 하나의
세계가 있고 그것이 천 개 모인 것을 '소천세계(小千
世界)', 소천세계가 다시 천 개 모인 것을 '중천세계
(中千世界)', 중천세계가 다시 천 개 모인 것을 '대천
세계(大千世界)'라고 하며 이 모두를 통틀어 '삼천대
천세계'라고 부른다.

21) '사문(沙門)'은 '노력하는 자'를 뜻하며 출가하여 수행
에 힘쓰는 스님들을 가리킨다.

22) '선서(善逝)'는 부처님에 대한 10가지 존칭 가운데 하
나로서 '잘 가는 이, 깨달음에 잘 도달한 이, 청정한
복을 얻은 이' 등의 의미가 있다.

23) '정례(頂禮)'란 지극한 마음으로 머리를 숙이거나 혹
은 그 대상에 이마를 대고 예를 올리는 예배 형식
가운데 하나.

24) 사성제(四聖諦)에 관한 서로 다른 세 가지 관찰 방법
을 일깨워 주었던 설법을 말한다.

25) '무니(muni)'는 은둔자・성자・현인의 의미를 갖는다.
부처님에 대한 존칭.

26) '승리자' 역시 부처님에 대한 존칭 가운데 하나이다.

27) '도사(導師)'란 사람들을 이끌어 깨달음에 들어가도록
하는 사람. 곧 부처님을 가리킨다.

28) '공성(空性)' '공(空)'이란 어떤 존재도 자주적이지 못
하며 실재를 갖고 있지 않는 것을 가리키며, '공성'이
란 그러한 공의 성품이라는 뜻. 반야경 이래 불교사

상의 중심 개념으로서 대승불교의 근본사상이기도
하다. 이 게송은 다음에 이어지는 게송과 함께 공
(空)·무상(無相)·무원(無願)의 삼종삼매(三種三昧) 혹
은 삼해탈문(三解脫門)을 설하고 있다.

29) '중생(衆生)'은 '존재하고 있는 모든 것'을 말하며 '생
명이 있는 것' '태어나 살아 있는 것' 모두를 의미한
다. 한역에서는 일찍부터 이를 중생으로 번역하였으
며 뒤에는 '감각을 가진 것'이라는 의미로 '유정(有
情)'으로도 번역했다.

30) '정직한 마음'이란 인간의 본래적인 의욕을 가리킨다.
한역에서는 '직심(直心)' 또는 '의락(意樂)'이라고도 한
다.

31) 주 15) 참조.

32) '십선업도(十善業道)'란 계율 가운데 누구나 반드시 지
켜야 할 열 가지 선한 행위를 말하며, '십악(十惡)'이
란 그 반대의 것으로 착하지 않은 행위를 말한다. 십
악은 살인·도둑질·사음·거짓말·악담·이간질·지
나친 농담·탐욕·노여움·잘못된 견해.

33) '진실을 꿰뚫어 보는 자질을 단단하게 다져놓은'이란
진리를 얻기로 이미 확정되어 있는 것, 즉 '정정취(正
定聚)'를 말한다. 정토(淨土)에는 오직 정정취인 사람
들만이 태어난다고 한다.

34) 자비희사(慈悲喜捨)의 네 가지를 일컬어 사무량심(四
無量心) 혹은 사범주(四梵住)라고도 한다.

362

35) 보시와 부드러운 말과 이로움을 주는 행위와 고락을 함께하는 네 가지를 '사섭사(四攝事)'라고 한다. 이것은 사람들을 두루 끌어들여 부처님의 가르침으로 인도하는 힘이 되고 있다.

36) '깨달음으로 나아가는 서른일곱 가지 적절한 방법.' 한역으로는 '삼십칠조도품(三十七助道品)' 또는 '삼십칠보리분법(三十七菩提分法)'이라고 한다. 즉 사념처(四念處)·사정근(四正勤)·사신족(四神足)·오근(五根)·오력(五力)·칠각지(七覺支)·팔정도(八正道)의 합이 그것이다.

37) '회향(廻向)'이란 자신의 선한 행위나 공덕을 남에게 돌리는 일을 말한다. 특히 수행자들은 이것을 최고의 깨달음으로 나아가는 발판으로 삼기도 한다.

38) '여덟 가지 불행한 탄생'. '팔난(八難)' 혹은 '팔무가(八無暇)'라고 한다. 여가가 없거나 혹은 기회가 닿지 않아서 부처님의 설법을 들을 수 없는 여덟 가지의 불운한 생. 곧 지옥이나 축생 등의 악취에 태어나는 것, 귀머거리 등의 불구로 태어나는 것, 너무 장수하고 안락한 것, 부처님이 세상에 출현하지 않은 때에 태어나는 것 등을 가리킨다.

39) 주 16) 참조.

40) 부처님은 자신의 십대제자 한 사람 한 사람에게 유마에게 문병 갈 것을 권유한다. 제일 먼저 등장하는 제자가 사리불(舍利弗)이다. 그는 목련과 함께 일찍

이 자신이 거느리고 있던 백 명의 제자를 이끌고 부처님께 귀의하여 상수제자가 되었다. 십대제자 가운데 일명 '지혜제일(智慧第一)'이라 일컬어지며 아울러 선정수행에도 이름이 높았다. 이들 제자들은 수행이 높고 덕망을 쌓았으므로 사람들로부터 장로(長老) · 대덕(大德)이라고 불린다.

41) 욕계에 속한 신. 모두 여섯 부류가 있는데 타화자재천(他化自在天)이 그중 우두머리이다.

42) '진리를 따른다고 하는 앎'이란 보통 '수순인(隨順忍)' '유순인(柔順忍)'으로 번역되며 음향(音響) · 수순(隨順) · 무생법(無生法)의 삼인(三忍) 가운데 하나.

43) 성문승과 독각승은 똑같이 소승의 가르침으로써 특히 '제행무상(諸行無常)'이라는 깨달음이 주된 내용을 이루고 있다.

44) 유마(維摩), 비말라키르티(Vimalakīrti). 오염이 없고 명성이 높음을 의미하는 말로 이 경전의 주인공 이름. '정명(淨名)' '무구칭(無垢稱)' 등의 한역명으로도 불린다. 대개는 유마힐(維摩詰) · 유마로 불린다.

45) 생사유전하는 세계를 셋으로 나누어 그중 가장 낮은 세계를 '욕계(欲界)', 그 중간의 세계를 '색계(色界)', 그리고 가장 우월한 세계를 '무색계(無色界)'라 부르며, 이 셋을 합하여 '삼계(三界)'라고 한다.

46) '크샤트리아'는 왕족이나 무사계급으로서 정치에 관여하며, '바라문'은 사제계급으로서 학문과 종교를

364

주도한다. 인도의 카스트 제도 가운데 최상 계급.

47) '개아(個我).' '나〔我〕'를 뜻하며 '보특가라(補特伽羅, pudgala)'로 음역된다. 업에 속박되어 생사유전하는 개인의 행위 주체를 가리킨다.

48) '자성(自性).' 실체적으로 존재한다고 생각되는 사물의 '본질'이나 '본체.' 반대 개념은 '무자성(無自性)'으로서 중관학파에서 말하는 '공'의 정의와 같은 뜻.

49) '오온(五蘊)'과 '육계(六界)'와 '십이처(十二處)'는 모두 인간의 존재론적 기구에 관한 설명으로 원시불교 이래 기본적이고 중요한 불교 교리로 확립되어 왔다.
오온이란 색수상행식(色受想行識)을 가리키며 이들 사이의 일시적인 관계로 나타나는 것이 바로 인간이라고 한다.
육계란 지수화풍공식(地水火風空識)의 6요소.
십이처는 눈·귀·코·혀·몸·의지라는 주관적 요소와 이에 대응하는 색·소리·냄새·맛·촉감·법이라는 객관적 요소의 합을 말한다.
그리고 이들에 대한 비유로서 '사형집행인'이란 오온을, '독사'란 지수화풍의 4원소를 그리고 '텅 빈 마을'이란 안이비설신의 등의 감각기관을 가리킨다.

50) '법신(法身)'이란 존재의 법칙이나 가르침으로서의 법 그 자체가 곧 부처님이라는 견해를 반영한 불신관(佛身觀)의 하나. 석존은 육신으로서의 여래가 아닌 법신으로서의 여래를 보아야 한다고 설한다.

51) '계' 이하 '해탈을 자각하는 앎'까지의 5구절은 '오분
    법신(五分法身),' 수행자에 있어 최고의 덕으로 평가
    되어 왔다.

52) '세 가지 앎'이란 숙명통·천안통·누진통의 신통력.
    여기에 신족통·천이통·타심통을 더하여 6신통이
    라 부른다.

53) 주 40) 참조.

54) '멸진정(滅盡定)'이란 모든 마음의 활동이 고요히 가
    라앉아 있는 상태의 선정을 가리킨다. 이와 비슷한
    것에 '무상정(無想定)'이 있지만 이는 멸진정보다 한
    단계 낮은 경지.

55) 유마의 문병에 두번째로 권유를 받은 사람은 목련
    (目連)이다. 그는 사리불의 친구로서 '신통제일(神通
    第一)'이라 불렸다.

56) '중생' '자아' '목숨 있는 것' '개아(個我)' 등은 모두
    '주체적인 것' '현실적으로 존재하고 있다고 여기는
    것'을 의미한다.

57) '공성(空性)' '무상(無相)' '무원(無願)'을 합하여 3해탈
    문이라고 부른다.

58) 유마의 문병을 권유받은 세번째 사람은 대가섭(大迦
    葉)으로 당시 석존 교단의 원로 장로로서 석존 입멸
    후 경전과 율전의 편집을 주재하였다고 전해진다.
    십대제자 가운데 '두타제일(頭陀第一)', 즉 소욕지족
    (少欲知足)의 청빈함으로 그 이름이 높았다.

366

59) '개체로서 생각하다'라는 말은 동시에 '주먹밥에 대한
집착'이라는 의미로도 해석된다.

60) '여덟 가지 해탈'이란 부정관(不淨觀) 등의 여덟 단계
의 수행을 통하여 색계로부터 점차 무색계의 보다 고
차적인 선정에 이르러 최후로 멸진정에 도달하는 것.

61) 유마의 문병을 권유받은 네번째 사람은 수보리(須菩
提)존자. 그는 '해공제일(解空第一)', 즉 공성에 대한
이해에 가장 탁월하였다고 전해진다.

62) '무간업(無間業)죄'란 '오역죄(五逆罪)' 혹은 '오무간죄
(五無間罪)'를 가리키며 무간지옥(無間地獄)에 빠지는
원인이 되는 까닭에 '무간업'이라고 한다. 아비를 죽
이는 것, 어미를 죽이는 것, 아라한을 죽이는 것, 부
처의 몸에 피를 내는 것, 교단의 화합을 깨는 다섯
가지의 큰 죄.

63) 고대 인도 불타시대의 각종 철학 및 종교사상 가운
데 가장 유력시됐던 여섯 부류. 부루나 가섭·막갈
리 고살라·산자야 벨라티풋타·가쿠타 카티야나·
아지타 케사캄발라·나간타 나타풋타.

64) 주 38) 참조.

65) '격정을 여의다.' 이 말은 치솟는 번뇌나 정욕을 멀리
떠난 것을 의미한다. 수보리는 격정을 여읜 자로서
으뜸가는 이로도 이름이 높았다.

66) '법안(法眼)'은 5안, 즉 육안(肉眼)·천안(天眼)·혜안
(慧眼)·법안(法眼)·불안(佛眼) 가운데 하나. 일체 법

을 바르게 관찰하는 보살의 심안(心眼)을 가리킨다.

67) 유마의 문병을 권유받은 다섯번째 사람은 부루나로 서 '만자자(滿慈子)'로 의역하기도 한다. '설법제일(說 法第一).'

68) 유마의 문병을 권유받은 여섯번째 사람은 가전연으 로서 '논의제일(論議第一)'로 불렸다.

69) 이상에서 말하는 것은 제행무상, 일체개고, 제법무아, 열반적정의 사법인(四法印)으로서 중요한 불교 교리 가운데 하나이다.

70) 유마의 문병을 권유받은 일곱번째 사람은 부처님의 사촌인 아나율로서 무리한 수행 탓으로 장님이 되었 다. '천안제일(天眼第一)'이라 불렸다.

71) '경행(經行)'이란 일정한 장소를 왕복하면서 선정삼매 에 드는 것을 가리킨다.

72) '무위(無爲)'는 '만들어진 것이 아닌 것'이 올바른 해 석이다. 즉 인(因)과 연(緣)에 의해 만들어지고 생성 된 것은 반드시 변화하고 소멸된다. 이것이 바로 무 상(無常)의 원래 모습이며 상대적이고 현상적인 세계 는 '유위(有爲)'라고 부른다. 이에 반하여 이 모두를 초월한 절대적인 세계가 곧 '무위'로서 열반이라는 말과 같은 의미로 해석된다.

73) 유마의 문병을 권유받은 여덟번째 사람은 우바리. 가 장 낮은 계급에 속하는 수드라족의 이발사 출신이었 다. '지계제일(持戒第一)'로 불렸으며 부처님 입멸후

율전 편집에 주도적인 역할을 하였다.

74) 유마의 문병을 권유받은 아홉번째 사람은 석존의 친
아들인 라후라로서 '밀행제일(密行第一)'로 불렸다. 밀
행이란 일체의 행동, 특히 계율의 세밀한 부분에 이
르기까지 잘 알고 실천하는 것을 말한다.

75) 주 72) 참조.

76) 주 16) 참조.

77) 주 66) 참조.

78) '다섯 가지 능력'과 '다섯 가지 기능'은 모두 신(信),
정진(精進), 염(念), 삼매(三昧), 지혜(智慧)를 그 내용
으로 한다.

79) 법을 들을 기회가 많은 행복한 상태의 삶이란, 첫째
부처님을 직접 만나게 되는 것과 둘째 인간으로 태
어나는 것.

80) '구족계를 받다.' 출가 비구가 되어 250가지 비구계를
실천하기로 서약하는 일. 혹은 그러한 출가 자체를
의미하기도 한다.

81) 유마의 문병을 권유받은 열번째 사람은 석존의 종제
(從弟)인 아난다로서 그는 항상 부처님의 측근에 있
으면서 장년에 이르기까지 가장 많은 설법을 들었다.
'다문제일(多聞第一)'로 불리며 석존 입멸후 경전의
편집을 주도하였다.

82) '전륜왕(轉輪王)' 혹은 '전륜성왕.' 전세계를 정복한다
고 믿어지는 이상적인 제왕으로서 그에게는 일곱 가

지 보배가 나타나며 천 명의 왕자가 태어난다고 한다.

83) 운명결정론을 주장한, 부처님과 동시대의 철학 학파.

84) '오탁(五濁)'이란 현재의 겁(劫)에 속한 이 지상에 인
간과 사회에 다섯 가지 커다란 악이 존재한다는 것
을 가리킨다. 즉 천재(天災)와 전쟁 등의 빈발ㆍ정신
의 오염ㆍ탐욕 등에 의한 번뇌의 증가ㆍ인간성 상
실ㆍ수명이 짧아지는 것이 바로 그것이다.

85) 십대제자와 마찬가지로 석존은 보살들에 대해서도
유마에게 문병 갈 것을 권유한다. 제일 먼저 등장하
는 미륵보살은 '자써보살(慈氏菩薩)'이라고도 부른다.
현재 도솔천에 머무르고 있으며 일찍이 석존 입멸후
56억 7천만 년 뒤에 세상에 출현하여 석존 다음의
부처, 즉 미륵여래가 되리라는 예언을 받았다. 한 생
이 지난 뒤에 성불한다는 뜻에서 '일생보처(一生補處)
보살'이라고도 불린다.

86) 성문 및 독각의 깨달음을 가리키며 범부의 삶을 끊
어내고 성자가 되어 다시는 인간적인 삶으로 되돌아
오지 않는 것으로 소승적인 내용이 담겨 있다. 이는
기꺼이 윤회의 고통 가운데로 뛰어드는 보살의 깨달
음과 좋은 대비를 이룬다.

87) '처(處)와 비처(非處)'의 처는 원래 장소나 주처(住處)
또는 형태를 의미하며 특히 불교에서는 도리(道理)의
뜻으로도 쓰인다. 여기에서는 일반적인 일정한 장소
나 방위를 의미하고 있다.

370

88) 유마의 문병을 권유받은 두번째 보살은 '광엄동자(光嚴童子)' 혹은 '광정동자(光淨童子)'라고 불리지만 실은 그 이름과 관계 없이 보살 가운데 한 사람인 광엄보살을 가리킨다.

89) '보리좌(菩提座)' '보리도량(菩提道場)'을 말한다. 원래 석존이 부다가야의 보리수 밑에서 처음으로 보리(菩提)를 얻은 그 장소를 가리키며 금강보좌(金剛寶座)라고도 한다.

90) 주 35) 참조.

91) 주 72) 참조.

92) 주 36) 참조.

93) '십이연기'란 범부(凡夫)의 존재를 무명(無明) - 행(行) - 식(識) - 명색(名色) - 육처(六處) - 촉(觸) - 수(受) - 애(愛) - 취(取) - 유(有) - 생(生) - 노사(老死) 등의 12가지 조건에 의한 인과관계로 파악하는 불교의 근본교리 가운데 하나. 여기에서는 '무명이 멸하면 행여 멸하고…'라는 순서로 말하고 있다.

94) 주 14) 참조.

95) 주 52) 참조.

96) 유마의 문병을 권유받은 세번째 보살은 지세보살(持勢菩薩)이다. 그는 《지세경(持勢經)》의 중심 인물이기도 하다.

97) '다섯 가지 욕망'이란 다섯 가지 감각 기관과 그 감각 대상인 색, 소리, 냄새, 맛, 촉감에 의해 야기되는

갖가지 욕망과 정욕.

98) 주 49) 참조.

99) 주 11) 참조.

100) 주 28) 참조.

101) 유마의 문병을 권유받은 네번째 사람은 장자의 아들인 수달다로서 그는 앞의 미륵·광엄·지세 등이 보살 신분이었던 것에 반하여 순전히 속인이었다. 대부호였던 그가 막대한 황금을 들여 부처님께 기원정사를 기증했던 일은 특히 유명하다.

102) 주 28) 참조.

103) 주 35) 참조.

104) '여섯 가지를 염원함'이란 불·법·승 3보와 보시·지계·생천(生天) 등의 여섯 가지를 항상 기억하는 것.

105) '번뇌 없는'이라는 말은 '숲 속에 사는 사람'을 의미하고 있다.

106) 보시에 의해 덕이 쌓이고 복이 생긴다. 이에 따라 '보시의 대상'인 여래와 출가자와 가난한 자와 병든 자 등은 복의 씨앗을 뿌리는 밭이라는 의미에서 '복전(福田)'이라 불린다.

107) 유마의 문병을 권유받은 다섯번째 보살은 문수였으며 '묘길상(妙吉祥)' '묘덕(妙德)' 등으로 의역되기도 한다. 지혜를 다스리는 보살로서 반야부 경전과 밀접한 관계가 있다.

108) 부처님과 동시대에 존재했던 불교 이외의 각종 학파

나 사상을 통틀어 '62견(見)'이라고 한다.

109) '4마(四魔)'란 5온(五蘊)·번뇌·죽음·자재천(自在天)을 가리킨다.

110) 주 86) 참조.

111) 법계(法界)란 사물의 있는 모습 그대로의 세계. 삼계 가운데 애욕의 세계에 머물면서도 정작 진실을 여의는 지 않는 일.

112) 육도(六度), 곧 6바라밀을 가리킨다.

113) 주 104) 참조.

114) 이상의 '겉모양'으로부터 '지식(知識)'까지는 5온을 가리킨다. 이하 주 49) 참조.

115) '알라야(alaya)'란 '자신이 근거하는 장소, 근거로서 집착하는 장소'를 의미한다. 초기 경전에 '알라야에 대한 애착' 혹은 '알라야를 즐긴다'라는 말이 보인다. 훗날 유식학파에서는 이 용어를 사용하여 윤회에서의 근본식(根本識)으로서의 아뢰야식(阿賴耶識)을 설명하였다.

116) '요자나(yojana)'란 길이의 단위로서 한문으로 '유순(由旬)'이라 표기된다.

117) 이하 반복적인 문구를 통하여 세상에 존재하지 않는 것과 실재가 아닌 것을 나열함으로써 중생들에게 어떠한 실체도 없다는 사실을 비유로 깨우쳐 주고 있다.

118) 기본적인 요소는 지·수·화·풍 네 가지일 뿐 '제5의 원소'란 애초부터 존재하지 않으며 처(處)란 안이

비설신의 여섯 가지일 뿐 '제7의 처' 역시 애초부터 있지도 않다.

119) 이상에서 말하는 '예류(預流)' '일래(一來)' '불환(不還)' '아라한(阿羅漢)'의 4과(果)는 성문승을 닦는 이들이 차례로 얻어359 올라가는 수행의 단계를 말한다.

예류란 불교의 흐름 가운데에 합류하는 최초의 수행 단계를 말하며 어떤 형태로든 이미 무아에 대한 이해를 가지고 있는 상태이다. 일래란 마지막으로 한 번 더 윤회의 세계에 태어나야만 하는 단계.

불환이란 다시 태어나는 일이 없는 단계.

아라한이란 일체의 번뇌를 벗어난 최고의 수행 단계를 가리킨다.

120) 주 54) 참조.

121) 인색한 스승이 제자에게 진리를 쉽사리 전해 주지 않는 것을 가리켜 '스승의 주먹이 꽉 쥐어져 있다'라고 말한다.

122) '머무는 데가 없다'라는 말은 《금강반야경》의 '무소주(無所住)'와 같다. 어디에 머무르거나 집착하지 않는, 즉 의존하는 바탕을 갖지 않는 것을 가리킨다.

123) '탐욕'과 '노여움'과 '어리석음'의 삼독심(三毒心)은 수행자로서 마땅히 끊어야 할 근본적인 악으로 생각되어 왔다.

124) 여성의 몸으로는 불타도 전륜성왕도 될 수 없으며 따라서 남성으로 바뀌지 않으면 안 된다는 당시의

374

통념에서 비롯된 소박한 질문.

125) 주 62) 참조.

126) 탐욕을 버리기 위한 수행을 특히 '두타(頭陀)'라고 일
   컫는다. 인가가 멀리 떨어진 곳과 묘지와 숲 속의 나
   무 밑을 거처로 삼을 것·밥을 구걸할 것·하루 한
   끼만 먹을 것·옷가지는 세 벌만 지닐 것 등 모두
   12가지 실천 항목이 있다.

127) '나라야나'는 한역으로 나라연천(那羅延天). 비슈누를
   본체로 하며 큰 힘과 뛰어난 체구를 가지고 있다.

128) '네 가지 뒤바뀐 생각'이란 무상(無常)·고(苦)·무아
   (無我)·부정(不淨)한 것을 각각 상(常)·낙(樂)·아
   (我)·정(淨)이라고 생각하는 것.

129) '다섯 가지 덮개(五蓋)'란 탐욕·노여움·수면·감정
   의 불안·의심 등을 말한다.

130) 눈·귀·코·혀·몸·의지의 여섯 감각 기관[六根].

131) 마음이 머무르고자 애착하는 곳을 '식주(識住)'라고
   하며 일곱 군데로 나누어진다. 지옥 등의 악취(惡趣)
   가 아닌 인간과 신의 세계를 비롯하여 특히 선정을
   통하여 도달하는 천상계를 가리킨다.

132) 37조도품에 나오는 '8정도'를 거스르는 '8사도(八邪道)'.

133) '그는 나의 불이익을 꾀한다' '그는 내가 사랑하는 것
   의 불이익을 꾀한다' '그는 내가 사랑하지 않는 것의
   이익을 꾀한다'라는 지레 짐작으로 상대방에게 악감
   정을 품는 것. 각각의 항에 과거·현재·미래가 있

어 모두 아홉 가지가 된다.

134) 일곱 가지 사항, 즉 계(戒) · 심(心) · 견(見) · 의(疑) ·
분별(分別) · 단지견(斷知見) · 열반(涅槃) 등의 청정행
을 일곱 가지 연꽃에 비유한 것. '칠정(七淨)' 혹은 '칠
정화(七淨華)'라고도 한다.

135) 주 109) 참조.

136) '겁(劫)'은 아주 오랜 시간의 단위. 여러 가지 설이
있지만 대개는 사람의 나이가 열 살에 접어들면서부
터 시작하여 8만 세를 헤아리고 다시 열 살로 줄어
들 때까지 8만 세를 헤아리는 기간을 합하여 '일중
겁(一中劫)' 혹은 '일소겁(一小劫)'이라 하고 8십중겁
을 '일대겁(一大劫)'이라고 한다.

137) 주 28) 참조.

138) 신(身) · 구(口) · 의(意) 삼업(三業)을 말한다. 인간의
모든 행위는 이 셋 가운데 어느 하나의 속성을 갖는
다.

139) 주 60) 참조.

140) '사바세계'를 '인토(忍土)'라고 한다. 우리가 지금 살고
있는 이 세상을 가리키며 온갖 고난을 참고 견디어
야만 하는 운명의 세계라는 의미.

141) 주 84) 참조.

142) 바라제목차는 한문으로 '별해탈(別解脫)'이라고 번역
한다. 계율의 조문을 모아놓은 것으로서 '계본(戒本)'
이라고도 한다.

143) 문수를 따라 유마의 병실을 찾은 성문들은 모두 5백 명에 달하지만 측근에서 늘 부처님을 시봉하고 있던 아난다만은 그곳에 가지 않았던 것으로 짐작된다. 따라서 그는 나중에 밝혀지듯이 모든 대중들이 향적여래로부터 향기로운 음식을 받은 사실을 알지 못한다.

144) '무차대회(無遮大會)'란 남녀승속을 가리지 않고 널리 대중에게 보시를 베푸는 법회.

145) '요의경'이란 궁극적인 가르침이 그대로 직설(直說)되어 있는 경전. 이에 반하여 '미요의경(未了意經)'은 그 내용이 2차적이며 따라서 해석의 과정을 거쳐야만 비로소 그 의미가 드러나는 경전을 가리킨다.

146) '아라한' 이하 '세존'까지는 이른바 여래십호(如來十號)라고 불리며 모든 부처님에 대해 이와 같은 존칭을 사용한다.

147) 전륜왕에게는 금륜(金輪) · 백상(白象) · 백마(白馬) · 보주(寶珠) · 비(妃) · 대신(大臣) · 장군(將軍) 등의 일곱 가지 보배가 자연스럽게 갖추어진다.

148) 이상의 여섯 가지는 6바라밀의 반대 개념.

149) 이하 4구는 '사의(四依)' '사지시(四指示)'라고 불린다. 즉 네 가지 '바르게 의지할 것.'

150) 현재 이 세계가 속해 있는 우주의 현 시기를 '현겁(賢劫)'이라 이름하며 그 길이는 1대겁에 이른다. 1대겁은 8십중겁이며 1대겁 동안에 천명의 부처님이 세상에 출현한다고 한다.

151) '과거사불(過去四佛)' 곧 가라구손타 · 구나함모니 · 가
    섭 · 석가모니 부처님. 이들 과거불을 제외한 다섯번
    째의 미륵불 이하는 모두 미래불이라고 부른다.
152) 공(空)이라는 가장 깊은 도리를 듣고 범부는 공포에
    사로잡히지만 보살은 오히려 용맹심을 일으킨다.

유마경 해설

- 토론과 침묵, 불이(不二)의 법문 -

유마경과 유마거사

《유마경》은 고대 인도의 상업 자유도시 바이샬리에 살고 있던 재가신자 유마거사(維摩居士)를 중심으로 하는 희곡풍의 대승불교 경전이다.

유마(범어명 Vimalakīrti)는 정명(淨名) 혹은 무구칭(無垢稱)으로 번역하며, 경전을 통해서도 알 수 있듯이 이 경의 주인공인 유마거사는 발지국(跋祇國) 릿차비(Licchavi)

족의 수도인 바이살리 성에 살았다고 하
는 대부호이다.

유마의 인격에 대해서는 이 경의 제2장
부사의한 방편[方便品]에 그 면모가 어느
정도 드러나 있다. 그는 불교에서 말하는
소위 거사(居士)로서 불교의 깊은 뜻에 통
달해 있었고 삼계에 대한 집착을 여의었
으며, 처자를 거느리고 있으면서도 청정
한 행을 닦는 일을 한시도 게을리 하지
않았다.

가난한 이에게는 재물을 나누어 주고,
이교도를 보면 바른 가르침을 일러 주었
으며, 중생을 교화하기 위해서라면 술집과
노름판에도 끼어들었으나 정기(精氣)를 흩
뜨리지 않았고, 궁중에도 들어가서 궁인들
을 교화하는 등 이르는 곳마다 명쾌한 토
론과 침묵의 법문, 또는 불이법문(不二法

門)으로 묘법을 전하는 일에 늘 힘썼다.

동진(東晉)의 승조(僧肇)는 그를 가리켜 "법신(法身)의 대사(大士), 그 권도(權道, 방편)가 변화무쌍하여 종적에 걸림이 없네"라고 찬탄해 마지않았다.

유마경의 줄거리

바이샬리 시의 대부호인 유마거사가 병으로 몸져누워 있다는 소식을 듣고 많은 사람들이 병문안을 가게 된다.

그 무렵 그의 집에서 12킬로미터쯤 떨어져 있는 망고농원에 세존이 거주하면서 제자들에게 설법을 하고 있었다. 세존은 유마거사가 병으로 누워 있다는 소리를 듣고 사리불 등 십대제자에게 차례로 유마거사의 병문안을 가지 않겠느냐고 권유하지만 그들은 한결같이 '자신은 병문안할 자격이 없다'라고 사절한다. 그 이유는 그들은 전에 유마거사로부터 수행과 설법 등에 대하여 엄하게 잘못을 지적받기도 하고 때로는 질책받기도 하는 등 호된 지적을 받았기 때문에 도저히 문안 갈 자신이 없다는 것이었다.

세존은 마지막으로 문수보살(文殊菩薩)에게 권유한다. 문수보살은 "저도 유마거사를 상대할 법력은 없지만 세존의 성지(聖旨)를 받들어 문안을 가겠습니다" 하고 어쩔 수 없이 세존의 청을 받아들인다.

문수보살이 문안을 가기로 결정되자 그때까지 사절했던 많은 사람들은 유마거사와 문수보살의 불꽃 튀는 진지한 법담(法談)을 듣고자 모두 동행하겠다고 나섰다.

이어 유마의 거처에 도착한 문수보살은 먼저 세존의 위로의 말씀을 전하고 나서 유마거사에게 병의 원인과 그 차도에 대해 질문한다. 이에 대해 유마는 "문수보살이시여, 이 세상에 어리석음이 남아 있는 한 그리고 존재에 대한 집착이 남아 있는 한 제 아픔은 앞으로도 계속될 것입니다. 모든 중생들의 아픔이 남아 있는 한, 제 아픔 역시 앞으로도 계속될 것입니다. 혹시 모든 사람들이 병고에서 벗어나게 되면 그때 비로소 제 병도 씻은 듯이 낫겠지요. 문수보살이시여, 보살이 기꺼이 윤회 가운데 뛰어드는 것은 오직 중생을 위해서이며 제가 아픈 것도 사실은 저 윤회가 원인입니다. 따라서 모든 사람들이 병고에서 벗어나게 되면 비로소 보살의 병도 씻은 듯이 낫겠지요"라고 답한다.

또 문수가 병이라는 것에 대해 질문을 하자 유마는 이에 대해 "병이란 모양도 없고 볼 수도 없으며 몸을 벗어났기에 몸에서 생긴 것이라고도 말할 수 없고 마음도 벗어났기에 마음에서 생긴 것이라고도 말할 수 없다"고 답하고 있다.

이어서 "흙·물·불·바람 네 가지[四大] 요소로 이루어진 이 몸 가운데 어느 곳에 병이 난 것인가" 하는 문수의 질문에 유마거사는 "문수보살이시여, 중생이라는 요소 모두에게 탈이 있으니 결국 그것이 제 병의 원인인 셈입니다"라고 답하고 있다.

이어서 벌어지는 불이(不二)법문의 담론은 가히 《유마경》의 절정이라 할 만하다. 불이법문이란 어떤 것인가 하는 유마의 물음에 그 자리에 모인 32명의 보살은 자신의 의견을 이야기한다. 마지막으로 문수보살이 불이법문에 대해 설명하기를 "어떠한 것도 논하지 않고 말로써 이야기할 수 있거나 나타내 보이는 것도 아니고 설하여 나타내 보이는 것도 아니라는 것을 말하지 않는 그것이 바로 불이법문"이라고 답한다.

이렇게 차례차례 32명의 보살들이 다 이야기를 마친 뒤 문수보살은 유마거사에게 "당신의 의견을 듣고 싶습니다" 하고 말한다.

주위에 있는 사람들은 유마거사의 입에서 어떤 말이 나올까 하고 기대하고 있었다. 그런데 어떻게 된 일인지 유마거사는 눈만 멀뚱하게 뜬 채 묵묵부답 통 말이 없었다. 주위는 정적이 감돌고 있었다. 그러자 돌연 문수보살이, "정말로 훌륭하다. 문

자도 없고 말도 없는 이것이야말로 불이의
법문에 들어가는 길이다" 하고 감탄한다.

　유마거사의 침묵은 그대로 불이법문을
여실히 보여 주고 있는 것이다. 그의 침
묵[一默]은 많은 설명이 필요 없었다.
　이러한 유마거사의 불이법문은 후대 중
국의 선승들에게 많은 영향을 미치게 된
다. 중국의 선종에서 유마경을 중시하는
이유도 여기에 있다.

《유마경》의 성립과 사상

　《유마경(維摩經, *Vimalakīrti nirdeśa sūtra*)》의
산스크리트 원본은 일찍이 갈래갈래 흩어
져 현재 온전하게 전해 오지는 않지만, 여
러 종류의 이본(異本)이 존재하고 있었으

리라는 점은 현존하는 3종류의 한역본 및 티베트역본을 서로 비교해 보아도 충분히 짐작할 수 있다. 물론 이들 이본을 바탕으로 하는 가장 오래 된 원본이 언제, 어디서, 누구에 의해 기록되었는지는 다른 대부분의 경전과 마찬가지로 극히 모호하다. 따라서 여기에서는 앞에서도 말한 바와 같이 이 경이 불교에서 말하는 이상적인 인격체로서의 유마라는 인물을 중심으로 하는 하나의 창작품이라는 견해를 전제로 그 성립에 얽힌 전후사정을 유추해 보기로 한다.

진제(眞諦)의 《부집이론소(部執異論疏)》에 의하면, 불멸후 2백 년경 중인도 왕사성 북쪽 앙굴다라국으로 옮겨간 대중부(大衆部) 사이에서는 이미 《화엄경(華嚴經)》《열반경(涅槃經)》《승만경(勝鬘經)》《금광명경(金光

明經)》《반야경(般若經)》 등의 여러 경전과 함께 여기에서 말하는 《유마경》도 깊이 신봉되고 있었다 한다. 물론 이 경전들이 현재 우리들이 접하고 있는 내용과 형태상 동일한 것이었으리라는 추측은 무리가 따르겠지만 중요한 것은 그 역사적 의미를 전혀 무시할 수 없는 중요한 점이 내포되어 있다는 사실이다.

그것은 바로 이로부터 이들 대승경전의 일부, 혹은 그와 유사한 불교사상이 그 당시 이미 존재하고 있었다는 점과 그리고 대중부의 진보적 사상과 이 경전들 가운데 나타난 심오한 사상과 역사적 필연성을 암시하고 있는 것에서도 알 수 있기 때문이다.

아울러 이 경을 설하고 있는 주인공인

유마거사는 불멸후 1백 년경에 있었던 상좌부와 대중부의 분열을 전후한, 당시 비교적 자유분방한 대중부 교도들이 많이 거주하고 있던 바이샬리 성의 거사였다는 점을 고려한다면, 이 경은 대중부 혹은 대중부의 사상과 어떤 형태로든 역사적인 관계가 있었으리라는 점은 짐작하고도 남음이 있다.

이 경의 내용 가운데에는 소승불교의 교리를 비하시키고 대승불교사상의 우월성을 나타내려는 강한 의도가 분명한 곳이 눈에 많이 띄는데 이는 아마도 이 경을 만들게 된 주요 동기 가운데 하나일 것이라고 생각한다.

대승불교운동이 정확하게 언제쯤 태동했는지에 대해서는 대략 서력 기원 전후가 그 상한선일 것이라는 견해가 지배적이다. 이와 관련하여 전체 대승경전 가운데 특히 공사상(空思想)을 강조한 반야부 경전(般若部經典) 소속의 일부 경전이 그 초기의 것으로 생각되고 있는 정도이다. 하지만 《유마경》의 경우 한층 성숙한 공사상의 바탕 위에 서 있다는 점에서 이는 분명히 반야부 이후의 작품으로 보여지며, 따라서 그 성립 시기는 대략 기원후 1세기로 추정해도 결코 무리는 아닐 것이다.

이 경의 특징으로는 먼저 그 내용이 극히 현실 긍정적인 경향을 보여 주고 있다는 점이다. 이는 번뇌가 곧 보리[煩惱卽菩提]이며, 생사가 곧 열반[生死卽涅槃]이라는 등의 어구에서도 극명하게 드러난다. 경의 여러 곳에서 발견되는 이러한 표현은 사실 대부분의 대승경전에 공통되는 현상이지만 특히 《유마경》에서와 같이 반복적으로 주장되는 예는 다른 경전에서는 찾아보기 어렵다.

형식상의 특징으로는 먼저 그 어투가 모든 것을 포용하기보다는 대부분 소승을 규탄 배척하는 것으로 일관하고 있다는 점을 들 수 있을 것이다. 이 역시 다른 대승경전에서도 종종 발견되는 바지만, 그러나 그 통렬함과 예리함에 있어 이 경은 다른 경전에 비해 탁월하다.

다음으로 이 경이 가지고 있는 문학적인 완성도를 이야기하지 않을 수 없다.

물론 이것은 어디까지나 이 경이 문학적인 성향이 짙다는 것을 전제로 하고 있지만, 최초의 단계에서부터 상당히 의도된 작의(作意)가 경 전체에 걸쳐 일관된 흐름을 유지하고 있다는 점을 우리는 새삼 높이 평가하지 않을 수가 없다.

이와 같은 사실은 일찍부터 그 예술적
창작력을 인정받아 온 《화엄경》《법화경》
《비유경》 등의 여러 경전이 대부분 흩어
져 있던 각종 설화 내지 종교적 교훈을 하
나로 모아놓은 것인 반면, 이 경은 처음부
터 단단한 구도하에 의도되고 만들어졌다
는 점에서도 충분히 느낄 수 있는 일이다.

물론 처음부터 순수한 창작품으로 만들
어진 경전으로는 그외에도 《승만경》《금
광명경》을 들 수가 있겠지만, 그 문학적
인 수준에 비추어보아 이들은 《유마경》
에 비교할 수가 없다.

《유마경》의 텍스트

1. 《고유마힐경(古維摩詰經)》, 엄불조(嚴佛調)

역, A.D. 188년(후한, 中平 5년), 전하지 않음.

2. 《유마힐경》 혹은 《불법보입도문삼매경(佛法普入道門三昧經)》, 지겸(支謙) 역, A.D. 222~229년, 현존 텍스트 중 가장 오래 됨.

3. 《이유마힐경(異維摩詰經)》, 축서란 역, 진나라 원강(元康) 원년. 전하지 않음.

4. 《유마힐소설법문경(維摩詰所說法門經)》, 축법호 역, 진나라 대안(大安) 2년, 전하지 않음.

5. 《유마힐경》, 기다밀 역, 동진, 전하지 않음.

6. 《유마힐소설경》, 구마라집, A.D. 406년, 현존.

7. 《설무구칭경(說無垢稱經)》, 현장 역. A.D. 650년, 현존.

8. 한역본 외에 텔루게판 티베트어 역본이 있다.

한역 가운데 가장 널리 유통되고 있는
것은 역시 구마라집이 번역한 것인데 이
는 일반적으로 원문을 역자 나름대로 간
략하게 줄이고 아울러 내용에 대한 수식
과 가필이 많이 되어 있다. 이에 대하여
티베트어 역본은 한 마디 한 마디를 직역
함으로써 원문에 담긴 내용과 체제를 충
실히 보존하고자 노력한 흔적이 역력하다.

작은경전⑤
유마경

제1판 1쇄 발행 / 2000년 4월 29일
제1판 6쇄 발행 / 2014년 4월 25일

옮긴이 / 박용길
펴낸이 / 윤재승
편집 · 교정 / 김창현 · 이영란 · 권지성 · 조혜연
펴낸곳 / 도서출판 민족사

등록 / 1980년 5월 9일(등록 제1-149호)
주소 / 서울시 종로구 삼봉로 81 두산파빌리온 1131호
전화 / (02) 732-2403~4 팩스 / (02) 739-7565
E-mail / minjoksabook@naver.com
홈페이지 / www.minjoksa.org

ISBN 978-89-7009-815-9 04220
ISBN 978-89-7009-810-4 (세트)

값 4,500원